Graphic Recorder

議論を可視化するグラフィックレコーディングの教科書

清水淳子 著

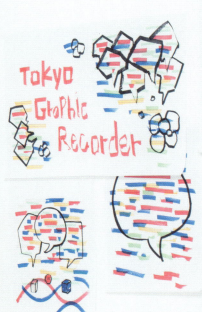

は じ め に

はじめまして。清水淳子です。私は企業でUXデザイナーとして働くかたわら、紙とペンで人々の対話や議論をグラフィックで可視化する「グラフィックレコーディング」という手法を日々研究・実践しています。この手法を始めたきっかけは、あるプロジェクトの小さな会議でした。

その日の会議には、専門も立場も経験も異なる様々なバックグラウンドを持つメンバーが集まっていました。その中で、プロジェクトに対する自分の考えを言葉で説明しようとしたのですが、伝えたかった内容が逸れて伝わり、場の空気が悪くなるという不器用極まりないやりとりを行ってしまったのです。その空気に慌てた私は、苦肉の策で、「言葉」ではなく「グラフィック」によってコミュニケーションを取ろうと、その場でみんなが話している内容をグラフィックで可視化し、今自分が話したいことをグラフィックを介して問いかけながら説明するということを試みました。すると、それまで場の空気を重くしていた議論の齟齬をスルスルと溶かすことができ、かつバラバラだったメンバーの目線と思考と心をひとつにつなげることもできたのです。

その体験から、人々が集う複雑な状況の中で、グラフィックによって議論を可視化することの効果に興味を持つようになりました。「会議の中で人々の議論をリアルタイムでグラフィックに可視化する」。この一見ふざけているような不思議な手法が今の時代に持つ意味を追求するために、自身がデザイナーとして働く東京を舞台に「TokyoGraphicRecorder」と名付けた活動を始めました。はじめの頃は、東京で日夜行われている様々なカンファレンスやトークイベントにプレスとして

出向き、アートやテクノロジーの話題をグラフィックでまとめた記事を作っては発信するメディアというかたちで運営していましたが、やがて様々な機関から「議論の可視化」にまつわる相談が集まるようになりました。

依頼主は、組織を率いるリーダー、営業職、企画職、デザイナー、エンジニア、学生、経営者等、様々でした。彼らの立場や年齢、組織の規模や事業のジャンルやビジョンはそれぞれでしたが、全員に共通していたことがあります。それは、今まで通りのやり方では自分たちの持つ課題が解決できないという危機感を感じていること。そのために既存の仕組みや組織の壁を壊していきたいが、議論や対話で生まれる衝突によって行き詰まりになるのを恐れていること。そんな悩みを共通して根底に持っていました。私は「グラフィックレコーダー」として、彼らのその時々の課題に応じてグラフィックでの記録を用いたコミュニケーションを実践し、効果を研究することを続けました。

その活動の結果、多様性のある議論が生み出す齟齬を解消する手段のひとつとして、グラフィックレコーディングは強力な手法であるという手応えをはっきりと感じました。未来を切り拓くために自由で活発な議論を行うことは、皮肉なことに激しいぶつかり合いを生む可能性が高いことも意味します。ぶつかり合いが行き過ぎると、もはや一緒に何かを考えること自体が憂鬱になり、プロジェクトが空中分解してしまうことだってありえます。しかし、グラフィックレコーディングで散らばっている論点や視点を一箇所のボードに集めて整理すると、どんなに不安定なメンバーや環境であっても、快適に対話できる場所に必

ず好転させることができたのです。

さらにこの手法を極めていこうと活動を進めるうちに、様々な人物や書物に出会い、歴史や背景を学ぶことができました。言葉だけではなくグラフィックを用いて議論や対話を進めるという考え方は、全世界で進んでいる動きだということもわかりました。古くは1970年代にアメリカ西海岸を中心に、住民参加のまちづくりや非営利組織の話し合いの中で用いられたのが始まりと言われてます。The Grove Consultants International 社のデビット・シベット、ダニエル・アイソファーノは、『ビジュアル・ミーティング―― 予想外のアイデアと成果を生む「チーム会議」術』という書籍で、ビジュアルが持つ会議での効果の体系化を試みています。また、2006年に日本で出版された『ファシリテーション・グラフィック―― 議論を「見える化」する技法』では、ホワイトボードや模造紙などに文字や図形を使ってわかりやすく表現し議論を描くことを「ファシリテーション・グラフィック」と定義し、その手法を解説しています。さらに現在では、ImageThink 社、Sketch Post 社など、コミュニケーションのプロセスをグラフィックで構築するサービスを提供するコンサルティング企業やデザイン企業が登場しています。SXSW やダボス会議など世界的な公の場でも、リアルタイムで描くグラフィックが当たり前のように活用されています。

こうした様々な世界の手法と動きを知るなかで、私は自身が取り組んできたグラフィックの使い方の独自性を感じるようになりました。日本では、会議を進行する司会者は、年長者や目上の者が務めるという暗黙の了解があります。どんなに会

議を進めるのが上手な人が別にいたとしても、その暗黙の了解を打ち破ることには無言の圧力があるように感じます。また、「仕切る」ということを明言すると、そこに寄りかかるように全員が安心して思考停止してしまうという傾向があるようにも感じます。さらには、課題解決のために立ち上がる人には必要以上に注目と責任が集まりがちです。けれど一方で、会議の「記録」をするということには、日本は好意的で寛容な空気があります。例えば書記は、新入社員や目下の人が勉強や修行のためにやるものという慣習があります。日本という場所でグラフィックを議論で使うときに、私は無意識のうちにその文化を逆手にとって、淡々と場の記録をグラフィックで行うことで、結果的に場を解決につなげていたことに気がついたのでした。自分が一歩前に出るのではなく、場に溶け込みながら記録を通して齟齬を解消し、チームを前に進める。海外からの借り物ではない、日本の文化に無理のないかたちで取り入れることができるグラフィックレコーディングの手法。私はそれを、本書にまとめてみたいと考えました。

本書が目指す世界、それは、年功序列、事なかれ主義、責任者不在を打ち破り、凝り固まった後ろ向きな空気に流されずに、どんなに難しくて気まずい関係の会議でも、諦めずに思考停止しない世界です。今もこの瞬間に日本で何万と行われている不毛な会議が、グラフィックでの記録によって前向きな思考と関係性に変えられたら、少しずつ世界は変わるのではないか。そんな想いを込めて本書を届けます。ある日の個人的なプロジェクトから発展したひとつの手法ですが、変化の激しい21世紀という時代を過ごすあなたの力に少しでもなれたら幸いです。

はじめに

INTRODUCTION グラフィックレコーディングとは 10

Q1 グラフィックレコーダーは何をする人なのか？ 12
Q2 なぜ「グラフィック」なのか？ 14
Q3 どんな効果が期待できる？ 16
Q4 会議の参加者はどう変わる？ 18
Q5 なぜ、今の時代にグラフィックレコーダーが必要なのか？ 20
Q6 社会の中で活用できる場所はどのくらいあるのか？ 22
Q7 グラフィックファシリテーターとグラフィックレコーダー、違いは？ 24
Q8 何から始めればいいのか？ 26

STAGE1 短い文章をグラフィックに変えてみよう 28

言葉からグラフィックに翻訳するためにまず知っておきたいこと 30
事実と感情、2つの情報をグラフィックで描けるようになろう 34
fact-1 誰が誰と何をしているか？（Who / What） 36
fact-2 どのくらいの違いがあるのか？（How much） 38
fact-3 いつ何があったか？（When） 40
fact-4 どのようにものごとを進めるか？（How） 42
fact-5 どの位置の話なのか？（Where） 44
emotion-1 どんな行動をしているか？（Do） 46
emotion-2 どんな表情をしているか？（Face） 48
emotion-3 何をどのように言っているか？（Say） 49

STAGE 2 話の全体をグラフィックで一枚の紙に整理してみよう 54

グラフィックレコードは3つのパーツでできている 56
グラフィックレコードを観察して、分解してみよう 58
思わず目を引くタイトルビジュアルを描こう 60
話題をひとかたまりのトピックセットにしよう 62
状況に応じてトピックセットをアレンジしよう 64
トピックセットを並べて、ストーリーラインを作ろう 66
ストーリーラインをわかりやすくするため、矢印と区切り線を使いこなそう 68
自由自在にいろいろなストーリーラインを作れるようになろう 70
TEDのスピーチをグラフィックに翻訳してみよう 72
事例紹介 78
ノートからウォール（壁）へ 92

STAGE 3 グラフィックレコーディングで課題解決をしよう 94

会議の中でのグラフィックレコーディング 96
会議の3つのフェーズ 106
Aggregation：散らばった議論を一箇所に集めよう 108
Reframing：議論の偏りを解きほぐそう 116
Collaboration：それぞれ違った考え方を共有しよう 120
上達するためには？ 124

APPENDIX
場の目的に合わせてグラフィックレコーディングをアレンジしよう 128

イベントやカンファレンスでの3の準備 130
イベントやカンファレンスでの3つの効果 131
事例紹介 132

おわりに：グラフィックレコーダーのこれから 146

INTRODUCTION

グラフィックレコーディングとは

議論を可視化する「グラフィックレコーディング」とは一体何なのか？　Q＆A形式でお答えします。なぜ、わざわざ議論をグラフィックで可視化するのか？　それによってどんな効果が生まれるのか？　イメージを掴んでいただけたらと思います。

INTRODUCTION

Q.1

グラフィックレコーダーは
何をする人なのか?

A. | **人々の対話や議論を**
　　| **リアルタイムでグラフィックによって可視化する人。**

　グラフィックレコーダーは、人々の対話や議論の内容を聞き分け整理しながら、リアルタイムでグラフィックに変換し、可視化する人です。グラフィックレコーダーが会議にいれば、会議が終わる頃には、そこで話された全ての内容が一枚の紙やホワイトボードにグラフィカルにまとめられていることでしょう。リアルタイムでグラフィックに記録していくので、録音(レコーディング)になぞらえてその行為を「グラフィックレコーディング」、できあがった記録物を「グラフィックレコード」、それを行う人物を「グラフィックレコーダー」と呼びます。

　では、絵を描く画家とグラフィックレコーダーはどこがどのように違うのでしょうか? どちらも「一枚の絵を描き上げる」という意味では違いは一見なさそうです。しかし、情報のインプット方法に明確な違いがあります。多くの画家は、目で見る視覚情報をメインに絵を作り上げます。一方グラフィックレコーダーは、対話や議論の場に出向き、耳からの聴覚情報をメインにグラフィックを作り上げます。また、話の文脈や事実関係をロジカルに解釈して整理したり、専門用語の意味や複雑な仕組みをグラフィックでわかりやすくします。話してる本人が気がついてない潜在的な感情を、表情や声のトーンから読み取り表現することも特徴的です。このように、グラフィックレコーダーは、議論や対話の中で生まれる様々な要素を整理しながら、全体像を一枚の紙にまとめ上げていきます。

グラフィックレコーディングとは

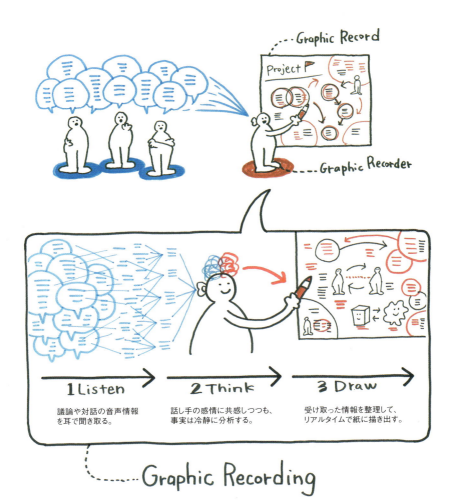

Q.2

なぜ「グラフィック」なのか？

A. | **複雑で長い情報を複数人に伝えるためには、グラフィックの2つの特性が役に立つから。**

　議論や対話を忠実に記録したいのであれば、テキストを打ったり、ビデオを用いるなど、様々な方法があります。それなのになぜ、グラフィックレコーダーはわざわざグラフィックでの記録を試みるのでしょうか？　それは2つのグラフィックの特性に答えがあります。

特性1: 一覧性がある→ひと目でパッとみんなで全体像が把握できる

　テキストや映像や音声は、「線」を辿るように、読み取った後に全体像を頭の中で再構築していきますが、グラフィックは「面」で全体像を示してあるため、ひと目で全体を俯瞰できます。さらに、短時間で複数人同時に全体像を把握することができます。

特性2: 構造化ができる→物事の複雑な関係性が明確になる

　例えばA、B、Cの項目があったとします。これを文字だけで記録すると、どんな事実があるかは伝わりますが、A、B、Cの関係性はイマイチ解りにくいです。これをグラフィックを用いて描けば、どんな関係なのか、優先順位があるのか、循環しているのかなど、テキストだけでは伝えにくい複雑で曖昧な関係性も直感的に伝えることができます。

　このように、グラフィックが中心にあれば、複雑な議論や対話をしている時でも全員の認識を短時間で揃えることができます。また、記録された内容と自分の考えとの差を思考するようになるため、新たな気づきが生まれやすくなります。さらに、伝えにくい違和感や強い意見もグラフィックを指差すなどして伝えつつ進められるので、前向きな方向に議論が活性化しやすくなります。

グラフィックレコーディングとは

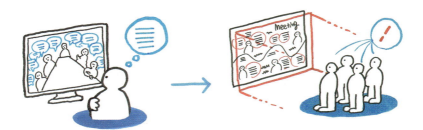

映像や音声での記録は忠実なものではあるが、
読み取るのに時間がかかってしまう。

議論のポイントをうまくまとめれば、
短時間でより広い全体像を把握できる。

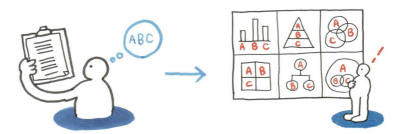

事実の抜け漏れは確認できるが、
ものごとの関係性や構造がわかりにくい。

関係性や構造が直感的にわかるので、
さらに深い思考を行うことができる。

議論の全体像を見渡し、認識を合わせられるようになることで、
自分の考えとの違いなどを発見しやすくなる。その結果、自然と会話が活性化する。

15

Q.3

どんな効果が期待できる?

A. 言葉だけでは齟齬が生じそうな場で、
相互理解を深めるための共通言語としてはたらく。

複雑な話し合いの場で、お互いの考えをうまく理解し合えずに険悪な雰囲気になってしまった… そんな状況をみなさんも経験したことがあると思います。そういう時にグラフィックレコーダーが会議に入り、それぞれの「言葉」を可視化すると、参加者の視点がひとつのボードに集まり、同じものを見ているという一体感と安心感が生まれます。バラバラの参加者が同じものを見るというシンプルな仕組みで、以下の効果を生み出すことができます。

1. 会議の最中で、対話の活性化を引き起こす

議論の内容をグラフィックに翻訳している様子をそのまま参加者に公開することで、まるで地図のように、「今、何を話しているのか?」「自分の認識と合っているか?」など、現在地を確認しやすくなります。また、お互いの考えがグラフィックではっきりと示されることで、場の議論が整理され、参加者全員の認識が揃い、自然と相互理解が深まります。さらにそのグラフィックを囲んだり指を差しながら発言をすると、どの部分について話しているかが全員で瞬時にわかるので、齟齬が生まれにくくなります。

2. 会議後に、第三者を巻き込む記録物になる

リアルタイムで描いたグラフィックレコードは、その後すぐに記録物(議事録)として参加者の振り返りに活用できます。どんなに長く複雑な議論でも、グラフィックで残せば短時間で全体像を思い出すことができます。また、グラフィックレコードを写真に撮ってメールで送れば、参加できなかったメンバーや時間がない忙しいメンバーにも短時間で議論の全体像を伝えることができます。参加しなかった会議というのはどうしても他人事になりがちですが、一覧性があるグラフィックなら興味を持ってもらいやすくなります。

グラフィックレコーディングとは

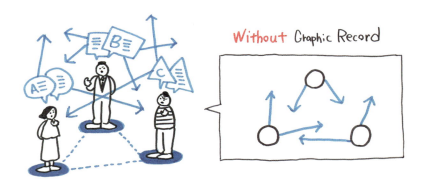

言葉で話し合えているようでも、実は噛み合っていないことは多い。

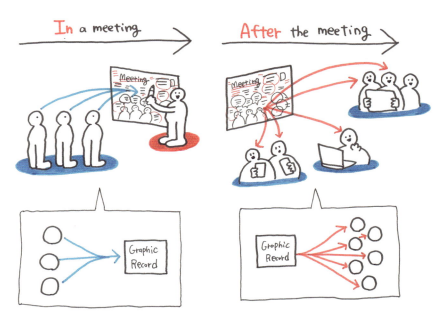

全員の視線と考えを一箇所のボードに集めることで、
共通認識を生むことができる。

参加できなかった人たちに対しても
共通認識をもたらすことができる。

Q.4

会議の参加者はどう変わる？

A. | グラフィックレコードが媒介となって、
言いにくかった自分の意見を大胆に伝えられるようになる。

1. 対個人への感情から、対議論への思考へ

お互いの顔だけを見て議論をしていると、内容の判断に個人的な関係性から生まれる感情が入り込んでしまうことはよくあります。また、ちょっとしたすれ違いからヒートアップしてくると、まるで自分自身が責められたような気持ちになり、相手に対しても苛立ちが生まれがちです。しかしグラフィックによって発言そのものと発言者を切り離して記録していくことで、相手の顔色を伺うことなく、議論に対して冷静で本質的な思考ができるようになります。

2. 差異への苛立ちから、広い多様性への理解へ

相手と自分の考えは必ずどこか違うものです。しかしお互いの意見が異なる際、「どちらが正しいのか？　何が違うのか？」と相手と自分の間違い探しや正解探しを行う展開になってしまうこともよくあります。そんな時、それぞれの考えの差異を曖昧にせず、グラフィックで違いを明確に整理していくことで、いろいろな考え方の図鑑のようになり、相手の考えに対する好奇心が生まれ、参考にすべき意見として受け入れやすくなります。

3. 確認することへの遠慮から、発言することへの自信へ

議論の最中に何か気になる点があっても、「自分が聞き取り忘れてただけかも？」「みんなはもう知っていることかも？」と考えてしまうと、確認には勇気を要します。しかし、グラフィックで場の議論を集めておくと、参加者はボードに描かれてないことは未確認事項だという共通認識になるので、気になることがあった際に自信を持って発言できるようになります。遠慮して確認できなかった部分が、どんどん解決していきます。

グラフィックレコーディングとは

「何を言っているか」より「誰が言っているか」を気にしてしまいがち。

発言者と発言をグラフィックで切り離すことで、議論に対して発言できる。

自分と相手の違いに苛立ち、納得してもらう勝ち負けが目的になってしまう。

それぞれの違いを整理することで、相手の考えを前向きに理解しようとする。

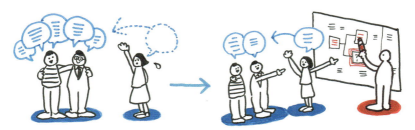

確認したいことがあっても、場の雰囲気に圧されて発言できなくなってしまう。

グラフィックを通して質問や指摘することで、一人でも発言しやすくなる。

Q.5

なぜ、今の時代に
グラフィックレコーダーが必要なのか？

A. | 新しい何かを生み出すためには、衝突を越えて
良い刺激を与え合う関係に辿り着く必要があるから。

　テクノロジーの爆発的な進歩の影響もあり、今の時代はこれまでの仕組みだけで新しい未来の発展を目指すことに限界を迎え、どんなに歴史のある分野でも、新しい枠組みを生み出すために様々な職業とコラボレーションしながら試行錯誤することが当たり前になりました。

　例えば1851年創刊の『ニューヨークタイムズ』では、データジャーナリズムに取り組むために大胆なチャレンジを行っています。彼らは150年を超える歴史で培われた体制にとらわれることなく、編集者、エンジニア、データサイエンティスト、デザイナーを一箇所に集めて意見を交わせるチームに再構成しました。このような多様な思考が集まる場にするということは、ぶつかり合いが生まれやすいことも意味します。そんな時に成功の鍵を握るのは何でしょう？　各々のアイデアやスキル以上に、チームの意思をうまくつなげることが重要になってきます。全員が気持ちよく意見を言えるように、議論をリアルタイムで可視化するグラフィックレコーディングは有効な手段のひとつです。

　アフリカにこんなことわざがあります。「早く行きたいなら一人で、遠くへ行きたいならみんなで行け（If You Want To Go Fast, Go Alone. If You Want To Go Far, Go Together.)」。このことわざが示すように、グラフィックレコーダーは、チームメンバーの意思疎通を助けることで、全員を遠くに連れて行く役割を果たすのです。

Q.6

社会の中で活用できる場所は
どのくらいあるのか?

A. 対話が生まれる場所、多様な人々が集まる場所なら、どこでも活用できる。

　どのような場所でグラフィックレコーディングを使うべきか?　という質問は、どこで言葉を使うべきか?　という質問と似ています。言葉と同じように、グラフィックレコーディングは使う場所を選びません。

1. **ひとりで**　誰かの話ではなく、自分の考えをグラフィックで記録していくと思考が整理されます。何かプロジェクトを始める時や、誰かに考えを伝える前の整理に活用してみましょう。
2. **ふたりで**　友人の悩みに乗る時、親子で夏休みの計画を立てる時、部下と面接する時など、日常的な1対1のパーソナルな対話をグラフィックを挟んで進めると、普段言いにくいことも伝えやすくなります。
3. **チームで**　いちばん多いシチュエーションかもしれません。日常での複数人での対話や議論をグラフィックで可視化することで、様々な効果が得られます。
4. **組織で**　重要な会議や大規模なカンファレンスなど、大きなテーマを話し合う際にも有効です。様々な考えを一枚のボードに集めることで、初対面同士でも会話が活性化します。
5. **社会全体で**　筆者はデザインの現場を中心に活用してますが、他にも、医師が患者に病気の原因を説明する時、学校の先生が生徒の進路を共に考える時などなど、様々な場所での可能性があります。

　つまり、グラフィックレコーディングは、人が考えることをやめない限り、どこでも使うことができるのです。

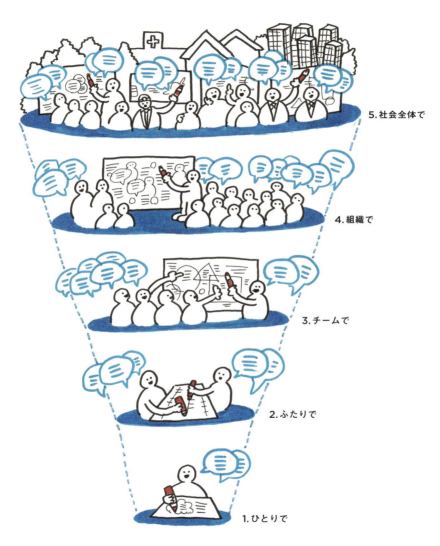

グラフィックレコーディングの活用場所。空間の大きさ別に整理。

Q.7

グラフィックファシリテーターと
グラフィックレコーダー、違いは？

A. | 人々の対話空間をより良いものにするという目的は同じ。
　　　記録を基盤に場に入り込むのがグラフィックレコーダー。

　よくグラフィックファシリテーション（GF）とグラフィックレコーディング（GR）の違いを聞かれますが、両者の最終目的は同じで、話し合いをグラフィックで可視化することによって人々の相互理解を促し、物事がうまく運ぶようにすることです。大きな特徴を挙げるとすると、GRは、あとからでも話し合いのプロセスを誰でもわかりやすく再現することに重きを置くため、話し合いの全体像の記録をします。そしてGFは、話し合いの最中にメンバーの発言を促進させることに重きを置くので、全体像を網羅しなくても、ここぞという場面で発言を促す影響力のあるグラフィックを描けることが重要となります。ただしこの2つは厳密に分けられるものではなく、実際には、GRを行いつつ、結果的に発話を促進することにつながったり、発話を促進するために描いたGFが、結果的に振り返りの記録として役立つこともあります。目的によって、GRとGFをうまく使い分けたり組み合わせたりしましょう。

　本書は、そもそも自分のグラフィックに自信がなさすぎて全く描く気が起きないという状態から、グラフィックでの記録を習得し、場への影響を与えるGFの入り口を覗き見るところまでを目指した本です。議論の可視化を学ぶ際、グラフィックレコーディングは誰でも挑戦しやすく、議論の全体像を捉える技術が向上します。また、記録の立場で様々な会議の場に足を運ぶことも増えるため、会議の経験が増えることがメリットです。

　まずは、「どんなに難しい議論でも思考停止しない」という大きな目的に向かって、それぞれ好きなスタイルで、ペンをとって始めてみましょう。

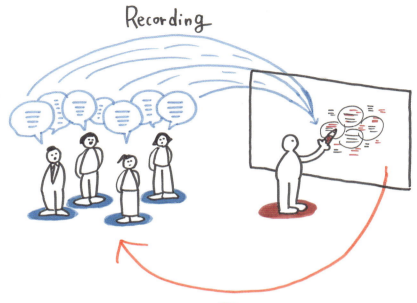

Graphic Recorder
全体像を記録することで、
議論の促進を狙う。

Graphic Facilitator
議論を促進するために
記録を活用する。

本書はここまでを扱う。

グラフィックレコーディングとは

Q.2

何から始めればいいのか?

A. | **まずは自分のノートで。**
　　| **最終的には、あなたにしかできないかたちを目指そう。**

　議論の可視化は、話の文脈や意味に応じて、適切なカタチを与えることで成り立っています。「どのような情報にどんなグラフィックを描くか」という基本の翻訳ルールを覚えてしまえば、誰でも描けるようになります。また、道具も特別なものを購入する必要はありません。いつも使っているノートとペンだけで始めてみましょう。本書では、グラフィックレコーディングを段階的に学べるようにステージを3つに分けています。

STAGE 1　いきなり全体像を描くのではなく、まずは情報の一部分だけをグラフィックに翻訳できるようにトレーニングします。具体的な事実関係と抽象的な人々の感情の両方を描けるようになりましょう。

STAGE 2　話の全体像を一枚の紙にグラフィックでまとめるための技術を解説します。どんなに複雑で曖昧な話でも、色やカタチで整理して、誰にでも伝わりやすいグラフィックを描けるようになりましょう。

STAGE 3　話をただ描くだけではなく、様々な人が参加する会議やミーティングにおける対話や議論での活用方法を学びます。限られた時間で、より良い結論やアイデアをみんなで見つけ出すことが目標です。

　本書は、読んでくれたあなたが、「グラフィックレコーディング」という世界の扉を開き、一歩を踏み出してくれることを目指した書籍です。その扉の先には奥深い世界が広がっていますが、まずはペンを取り、描く勇気を持つことができるようご案内するつもりです。楽しみながら学んでいきましょう!

STAGE 1

単語や短い文章をグラフィックに。

STAGE 2

話の全体像をグラフィックに。

STAGE 3

会議やミーティングでグラフィックレコーディング。

STAGE 1

短い文章をグラフィックに変えてみよう

様々な人の意見が飛び交う議論の速度に追いつきながらグラフィックレコーディングするためには、少ない時間で物事の本質を表現できるようになる必要があります。ここでは、きれいに丁寧に描写する絵画的な手法ではなく、素早くざっくりと「言葉からグラフィックへの翻訳」ができるようにトレーニングしていきましょう。

STAGE 1

言葉からグラフィックに翻訳するために まず知っておきたいこと

「絵」は描かなくていい?

　グラフィックレコーディングでは、時間をかけて丁寧にリアルな「絵」として描くよりも、物事を記号化して素早くシンプルな線で「アイコン」として描けるようになることが重要です。なぜなら、いくら本物そっくりに描けても、議論や対話のスピードに追いつけなければ、大事な部分を聞き逃して議論の可視化ができないからです。

　例えば、「黄色い縦縞の膝丈のワンピースを着たボブヘアの女性」という文章を耳にした時に、下記の図のAのようなリアルな「絵」ではなく、まずはC、D、Eくらいの「アイコン」を描けるようになりましょう。もちろん上達して短時間でよりリアルな絵が描けるようになるのは大歓迎です。

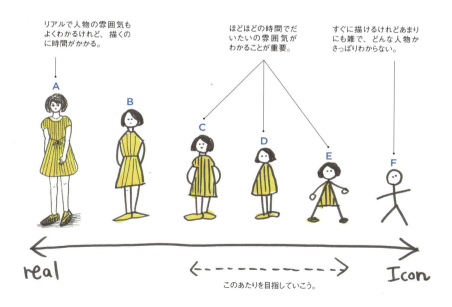

言葉からアイコンを描けるようになるには?

　外国語の習得と同じで、まずは様々な単語をグラフィックで表現できるように練習しておくと、上達のための土台になります。絵文字などを観察して様々なパターンを暗記しておくのもよいですが、大切なのは、言葉を聞いた時に自分で適切なアイコンを考えられるようになっておくこと。ここでは、目に見える具体的なモノと目に見えない抽象的なコト、この2つの物事のアイコンの作り方をご紹介します。

目に見える具体的なモノ:
　実際のものを思い浮かべてから簡略化して描こう。

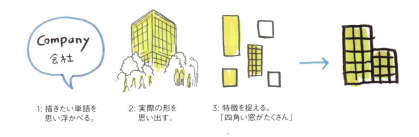

1: 描きたい単語を思い浮かべる。　2: 実際の形を思い出す。　3: 特徴を捉える。「四角い窓がたくさん」

目に見えない抽象的なコト:
　言葉から連想をして描けるビジュアルを探そう。

1: 描きたい単語を思い浮かべる。　2:「アイデア」そのものを描くことはできない。　3:「アイデア」で連想されるものを思い浮かべる。

\ やってみよう! /

1: 「人をアイコンとして描こう」

アドバイス 人を描くときは、棒人間でも伝わりはしますが、せっかくなので厚みのある人を描いてみましょう。しっかりとした人の形があると、自然と共感が深まります。もし難しく感じるようだったら、アルファベットのAをベースに人の形にしてみましょう。

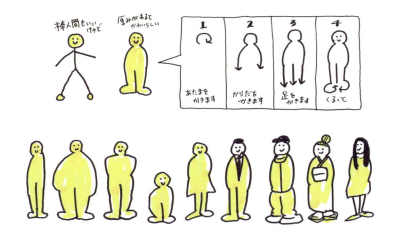

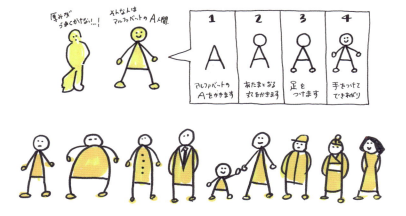

2：「様々な事象をアイコンで描こう」

アドバイス メールなどの絵文字を見るとわかるように、アイコンの種類は膨大です。全部を暗記するのは不可能ですが、よく使うものは限られているので、ここでは12種類、36のアイコンをご紹介します。音で聞いたらすぐに描けるようにしておくと便利です。

様々な価値

 アイデア
 機能
 感情

数値

 売り上げ
 円グラフ
 指標

場所

 家
 会社
 工場

文房具

 鉛筆
 ノート
 ハサミ

危険／注意

 実験
 注意
 ネガティブ

記録方法

 映像
 写真
 音声

買い物

 お店
 カート
 値札／値段

コミュニケーション

 手紙／メール
 メッセージ
 電話

食べ物

 お酒／飲み物
 食事
 お皿

デジタルデバイス

 スマートフォン
 カメラ
 パソコン

移動手段

 トラック
 飛行機
 車

時間

 時間
 残り時間
 スケジュール

事実と感情、2つの情報を
グラフィックで描けるようになろう

　議論や対話では様々な情報が飛び交いますが、実は2つの軸で成り立っていると考えらえます。それは、「物事の事実（ファクト）」と「人々の感情（エモーション）」です。まずはこの2つの情報をしっかりと聞き分けて表現できるようになりましょう。

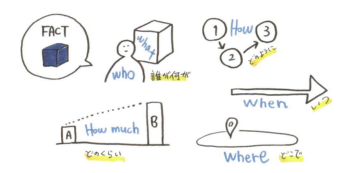

ファクト: 物事の事実

　例えば「AはBの2倍である」という事実を聞いた時に、どんな風に記録しますか？ 文字でそのままノートにメモしても事実としては十分ですが、あえてグラフィックで記録してみましょう。すると、実に多様な表現があることに気づきます。もしかしたら長さかもしれないし、重さかもしれないし、面積かもしれない。そもそもAとBとは何なのか？ Cはないのか？ そんなふうに、描くことによって他の事実に対しても様々な好奇心が湧いてきます。いつ、どこで、誰が、何を、どのくらい、といった事実を的確にグラフィックで表現できるようになりましょう。

例：AはBの2倍である。

どのくらい？（How much）という文章をグラフィックに変えるだけで、様々な表現が存在する。描くことで詳細な情報に対する好奇心が湧くという効果がある。

長さ？

広さ？

売上？

半径？

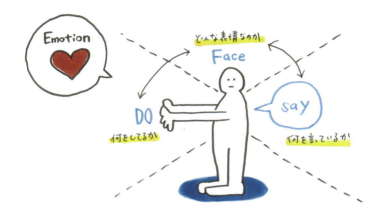

エモーション：人々の感情や感覚

　感情そのものは、目に見えないので描くことはできません。しかし、人がどんな行動をしているか？（Do）　どんな表情をしているか？（Face）　何を言っているか？（Say）　この3つを描くことで、その人がどんな感情を持っているかという想像を始めることができます。例えば「スマートフォンを覗き込んで嬉しそうに"どうしよう?"と言ってる人」がいた場合、この状態をグラフィックにすると、覗き込んでる画面は何なのか？　なぜ嬉しそうなのに困っているのか？　といった想像が広がります。

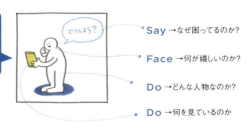

人の行動と表情と言葉をシンプルに描くだけでも、その人物への感情に対する想像力が掻き立てられ、より深い洞察が可能になる。

fact 1 | 誰が誰と何をしているか？（Who / What）

人々や物事の関係性をグラフィックで表してみましょう。ドラマや漫画によくある人物相関図のように、登場人物をアイコンで示し、矢印でつなぎます。誰がどんな役割で関わっているのか、全体像が見えやすくなります。

🔊 ポイント

1　登場人物をアイコンで描く。
2　関係性を矢印でつなげる。
3　渡すものをアイコンで描く。

＼ やってみよう！ ／

1: 「私は妹にプレゼントを送るつもりだ」
　　アドバイス 登場人物は何人いるか、誰から誰に向かって矢印が向かってるかを考えよう。

2: 「A島は観光客を増やすために、B社に観光ツアーのプランニングと広報をお願いしている。観光客はB社の広報によってA島を知ることになる。A島はB社に報酬を支払う」
　　アドバイス 複雑そうに見えるけど、まずは登場人物を数えて描いてみよう。

3: 「様々なアーティストがネット上の音楽サービスに新作をアップしているので、私のスマートフォンからは多くの音楽が聴ける」
　　アドバイス この文章では、人でなく物や情報が動いている。流れを描こう。

解説

1:
登場するのは、私と妹。この2人をアイコンで描きつつ、私から妹に向かってプレゼントを渡しているように見えるよう、矢印でつなげましょう。

2:
登場するのは、A島、B社、観光客の3者。この3者を描き、それぞれに関係性を矢印で描きつつ、やりとりしているものを描きましょう。

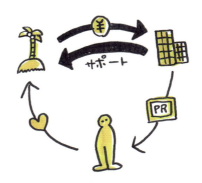

3:
登場するのは、アーティスト、音楽、音楽サービス、スマホ、私。アーティストの音楽が伝わってくる流れを並べて表現しましょう。

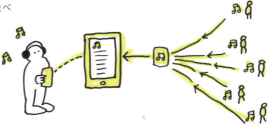

fact 2 | どのくらいの違いがあるのか？（How much）

　数値情報をグラフィックで表して、どのくらいの違いがあるのかを視覚的にわかるようにしましょう。Excelで描いたような精密なグラフや表を描く必要はありません。事実をもとにしつつ、ざっくりと手描きでボリューム感を表しましょう。

ポイント

1　正確に事実を読み取る。　　2　適切なグラフを選ぶ。　　3　補足情報をアイコンで描く。

やってみよう！

1:「私は妹の2倍の所得だ」
　アドバイス　具体的な数値はわからないので、棒グラフでざっくりと2倍を表現してみよう。

2:「A島はB島の3倍の大きさで、B社はB島の2倍の人数でA島をサポートしている」
　アドバイス　島の大きさと人数、異なる単位を合わせて表現してみよう。

3:「私のスマートフォンの中のデータは、音楽が3割、映像が5割だが、普段の生活の中では音楽を聴いてる時間が9割だ」
　アドバイス　スマホの割合と人の行動時間の割合、この2つをつなげて描いてみよう。

解説

1:
2倍であるという事実をシンプルに棒グラフで表現したあとに、何のグラフであるかをアイコンによって補足してみましょう。

2:
まずA島がB島の3倍であるという事実を島のアイコンを使って表現し、B社がサポートを送ってる人数を追加して、関係性を矢印で表現してみましょう。

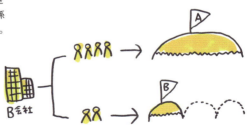

3:
スマホのデータの割合と人の行動時間の割合を並べて描くことで、ギャップが見えやすくなります。また、音楽の部分に色を塗ることで強調できます。

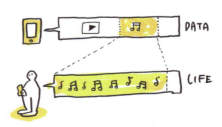

fact 3 | いつ何があったか？（When）

　使える時間によって人の思考や行動は変化します。それなのに、「いつ？」が曖昧なまま進んでしまう会議は多いものです。始まりと終わりをしっかりと揃えて、その中で何が起きてるかを明確に記していきましょう。

◀ ポイント

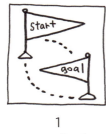

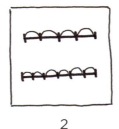

1
いつからいつを描くか決める。

2
等分でスケールを刻む。

3
特に強調すべき登場人物を描き入れる。

＼ やってみよう！ ／

1: 「妹の誕生日まで7日ある。プレゼントを送って届くまでに3日かかる。当日に届くよう購入せねばならない。今日と明日は仕事だ。」
　アドバイス　7日間のボックスを作ろう。その中で何が起きるかを描こう。

2: 「A島は3月から10月が観光シーズンとなっている。11月から2月は観光客が少ない。今回B社には11月から2月までの観光プラン作成とPRをお願いしたい」
　アドバイス　年間のスケジュールは必ず4月から始まらなくてもいい。

3: 「初めて携帯を持ったのは2000年だ。そこから2016年の今日まで、だいたい2年間隔で8台の携帯電話を使ってきた。ちなみにスマートフォンを持ち始めたのは2010年だ」
　アドバイス　2000年から2016年の長期間の話もシンプルに描こう。

解説

1:

まず、1週間を7等分して描きましょう。仕事の予定を描きつつ、プレゼント到着までの3日間を描き込み、アイコンでプレゼントなどの補足情報を描きましょう。

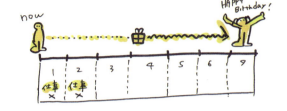

2:

観光シーズンとオフシーズンの2つがあるので、その切り替わりがわかりやすいように3月から始めましょう。盛り上がりが切り替わる10月で区切りましょう。

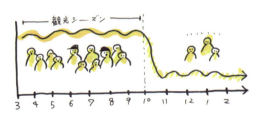

3:

年は2年間隔で描きましょう。全部にアイコンを描くと大変なので、始めと終わりと切り替わりの年に描きましょう。うまく省略することが大事です。

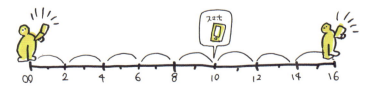

fact 4 | どのようにものごとを進めるか？（How）

どんなプロジェクトでも、進める際に発生するのが、「どのように進めるか」という手順についての話です。進め方を明確に描いていくことで、何をすればいいのか、何の手順が不足しているのか、計画に無理はないか、などを相談しやすくすることができます。

🔊 ポイント

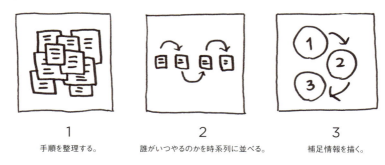

1　手順を整理する。　　2　誰がいつやるのかを時系列に並べる。　　3　補足情報を描く。

\ やってみよう！ /

1:「プレゼントを買うためには、インターネットで調べたうえで、最後にお店に買いに行く。でもその前に、妹に欲しいものを聞くのが先決だ」
　アドバイス　どんな順番で行ったかを整理して考えてみよう。

2:「B社のメンバーで観光プランを作る時は、おすすめスポットをA島の人にインタビューする。次にプランを作り、そのプランを実際に観光客に体験をしてもらい、評価してもらうことで、改善を繰り返す」
　アドバイス　基本は同じ。「繰り返し」をどう表すか考えてみよう。

3:「休日は、映画館で観たいものがあるかどうかネットで調べる。あればすぐに家を出て、電車の中で予約を取る。なければ家で本を読み、そのまま寝てしまう。諦めがつかない時はもう一度調べる」
　アドバイス　観たい映画がある場合とない場合の両方をわかりやすく示してみよう。

解説

1:

複雑そうに見えるけれど、手順は3つです。この3つを時系列に並べて、ナンバリングしましょう。まとまりをぐるっと丸で囲むなどすると、遠くからでも手順の数がわかりやすくなります。

2:

手順は大きく4つ。2、3、4の手順はぐるぐると繰り返し行っているようなので、循環を表す円で描いてみましょう。

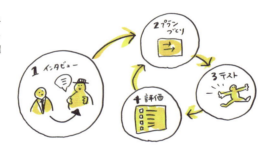

3:

まずネットの調べものを起点に、観たい映画が見つかった時と見つからなかった時を矢印で場合分けをしましょう。あとはそれぞれの手順を整理して描きましょう。

fact 5 | どの位置の話なのか？（Where）

　どんなプロジェクトでも、進める際に発生するのが、「どのように進めるか」という手順についての話です。進め方を明確に描いていくことで、何をすればいいのか、何の手順が不足しているのか、計画に無理はないか、などを相談しやすくすることができます。

◀ ポイント

1
物理的距離なのか
価値のポジションなのかを考える。

2
端から端までで、
いちばん大きな全体をイメージする。

3
その中で主人公の位置を配置し、
アイコンや矢印で整理する。

＼ やってみよう！ ／

1: 「私は、会社と家の間にあるコーヒーショップでプレゼントを渡す予定だ」
　　アドバイス　詳しい情報はわからないので、何と何の間にあるかを描こう。

2: 「B社の事業は、国内の観光の活性化だけでなく、海外との文化交流もある」
　　アドバイス　国内と海外という位置関係を円を使って表現してみよう。

3: 「音楽だったらみんなで激しく聞くロックが好きで、映像だったら一人で静かに観る自然のドキュメンタリーが好き。スマホのコンテンツ、それぞれの楽しみ方がある」
　　アドバイス　激しい←→静か、みんなで←→1人で、対になった価値を表そう。

解説

1:

家から会社を線で描き、その間のコーヒーショップを描きましょう。さらにそのコーヒーショップの中で何をするかも描いてみましょう。

2:

国内と海外を地図で描くと大変なので、楕円で範囲の大きさを表現してみましょう。B社が何をしようとしているのか補足情報を描いてみましょう。

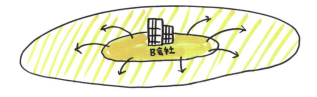

3:

対になった価値観を4象限を使って表現してみましょう。その中に音楽と映像を置くことで、どんな傾向のものを好きなのかがわかりやすくなります。

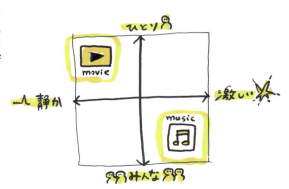

emotion 1 | どんな行動をしているか？（Do）

アイコンで人間が描ければ、走らせたり、寝かせたり、様々な動きをさせるのは簡単です。アルファベットの A 人間を動かしてみましょう。

慣れてきたら、厚みのある人間を動かしてみましょう。服を着せたり、髪型を変えることで、アルファベットのA人間よりも詳しい状況が表せます。

emotion 2 | どんな表情をしているか？（Face）

STAGE 1

　基本的には、丸の中に点と線があれば顔になります。この顔を少しづつ変えて、様々な表情を作ってみましょう。

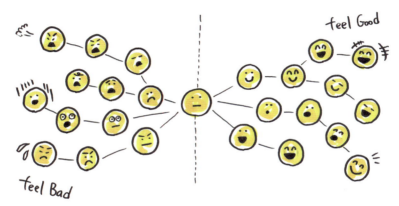

ニュートラルな表情を一部分づつ変化させながら、様々な種類のプラスの表情とマイナスの表情を描いてみよう。

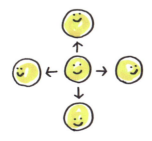

顔の中心をずらしていくことで、
角度（顔の向き）を表現できる。

体と組み合わせることで、
どこを見ているかを表現できる。

emotion 3 | 何をどのように言っているか？（Say）

同じ言葉でも、吹き出しの形によって、どんな感情なのかを表現することができます。

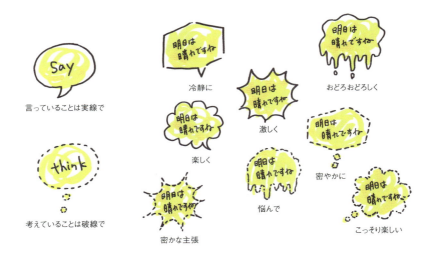

＼ やってみよう！ ／

1: 「電車の中でつり革を持ちながら怒っている人」

　　アドバイス　登場人物の状況と表情を整理して描こう。
　　　　　　　　余裕があったら、怒ってる理由も想像して描いてみよう。

2: 「『コップの水は半分だ』と不安そうに言っている人と、
　　　ワクワクして言っている人」

　　アドバイス　表情と吹き出しで価値観の違いを描けるように工夫してみよう。

3: 「帰りの電車で、私は座って、妹は立っていた。私は何も感じていなかったが、妹は怒っていた。理由は、誕生日だから席を譲ってくれてもいいのに、と思っていたらしい。家に着く直前に聞いたら教えてくれた」

　　アドバイス　2コマで描いてみよう。どんな食い違いが起きているかを意識して描いてみよう。

解説

1:
怒ってる人と、その原因の人を並べて描きます。強調したいところには色を塗りましょう。

九州大学で行ったワークショップで生まれたグラフィックを紹介します。1時間ほどのトレーニングで、みなさん人の状態と表情をうまく組み合わせて感情を表現できるようになりました。

2:

同じコップを見ながらも違う反応にすると引き立ちます。一人はポジティブに見えるようバンザイで、もう一人は猫背にすることで不安そうな様子にしています。

対照的な様子を表現するには、同じカタチで描くと、違う箇所が引き立ちます。また、色を変えることで2種類の考え方があるということを視覚的に表現でき、より直感的に伝えることができます。

短い文章をグラフィックに変えてみよう

51

STAGE 1

3:
1コマ目に、電車で怒ってる妹と不思議がる主人公を描き、2コマ目に、家の直前で主張する妹と謝る主人公を描きます。場面で切り替えることで複雑なやりとりも描けます。

同じ2コマでも様々な表現がありますね。シーンが切り替わる場合、登場人物に色をつけておくと、同一人物であることが理解しやすくなるのでおすすめです。

このように、人がどんな行動をしているか？（Do）　どんな表情をしているか？（Face）　何を言っているか？（Say）の3つを組み合わせることで、自由自在に描けるようになると、長いエピソードも絵だけで表せるようになります。以下は、同ワークショップで「自分が最近感動した体験」についての作文をグラフィックに変えたものです。

パーティーでひとりぼっちだったけれど、ゲームを持ちかけたことで友達になれた！

ハロウィンで仮装するためにいろいろなお店に行ったが見つからず、ネットでスティーブ・ジョブズというアイデアを見つけて無事仮装できた。

オペラを観に行って、観終わった後に楽屋に並び、歌手とお話しできたうえに、サインももらえた。

ラーメンを食べたくて、大橋から博多に行こうとしたけれど、大橋に新しいラーメン屋さんがあったため、博多に行かないで済んだ。

友達の友達を紹介してもらって、ご飯を食べてたら、その友達からさらに違う友達を紹介された。

STAGE 2

話の全体をグラフィックで一枚の紙に整理してみよう

　事実と感情を表す短い文章をグラフィックに置き換えることができるようなったところで、続いては、話の全体像を一枚の紙に整理できるようになりましょう。話の全てを忠実にグラフィックにすることは不可能なので、議論の大事な部分を聞き分けて描いていきましょう。タイトルビジュアル、トピックセット、ストーリーライン、この３つを描くコツを学んでいきましょう。

グラフィックレコードは3つのパーツでできている

　グラフィックレコードを見ると、様々な種類の絵や線が組み合わさっていて非常に複雑に見えますが、実は大きく3つの種類のパーツで構成されていると言えます。耳で聞いた情報を聞き分けて、適切に3つのパーツを選び描くことで、1枚の紙にまとめられるようになります。

1. タイトルビジュアル

　話の主題を描くパーツです。誰が何について話しているかを見つけ出して、いちばん目立つところに文字と似顔絵を強調して描きます。内容に興味を持たせる役割を担います。

2. トピックセット

　話題を描くパーツです。1つの話題を枠で囲んで、固まりとして見えやすくなるように描きます。複雑で膨大な話題の種類や量をひと目で伝えられるようになります。

3. ストーリーライン

　話の全体の流れを描くパーツです。トピックセットを並べて矢印や区切り線でつないでいくことで、話題の関係性や論点の切り替わりをわかりやすく伝えます。

話の全体をグラフィックで一枚の紙に整理してみよう

1. タイトルビジュアル

2. トピックセット

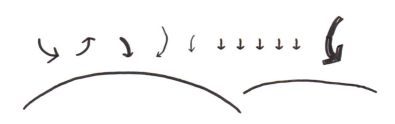

3. ストーリーライン

グラフィックレコードを観察して、分解してみよう

STAGE 2

下のグラフィックレコードは、NHKのテレビ番組『プロフェッショナル 仕事の流儀』のある回を筆者が描いたものです。パッと見は複雑に見えるかもしれませんが、分解すると3つの種類の部品（タイトルビジュアル、トピックセット、ストーリーライン）の集合体で構成されていることがわかります。

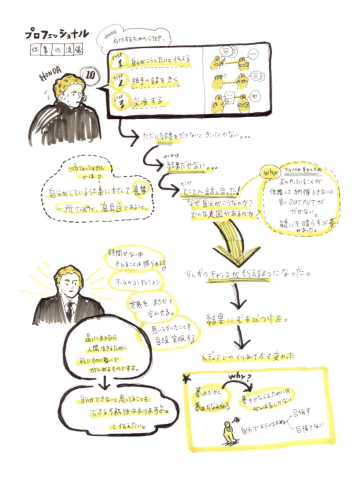

2014年6月に放送された『プロフェッショナル 仕事の流儀』、プロサッカー選手・本田圭佑さんの回を筆者がグラフィックレコーディングしたもの。番組からのインタビューに本田選手が答えるかたちで、現在自らが置かれている状況、未来への展望、夢を持つことの大切さなどが語られた。

タイトルビジュアル
その話の中で、誰が何について話しているかを見つけ出して、いちばん目立つところに強調してテーマや似顔絵を描いています。

トピックセット
話のまとまりを、キーワードとサマリーテキストとグラフィックで一揃いにしたものです。枠で囲み、固まりとして見えやすくしています。

ストーリーライン
トピックセットを紙の中に並べることで話の流れを表現しています。また矢印で関係性を、区切り線で話の切り替わりをわかりやすくしています。

思わず目を引くタイトルビジュアルを描こう

　話を描く前に、目立つ位置に会社やイベントのロゴや、登壇者や参加者の似顔絵を描きましょう。これは、単なる賑やかしのためではありません。話のテーマをグラフィカルに目を引くように示したタイトルビジュアルを描くことで、強引に誘導しなくても自然とグラフィックレコードへ意識が向かうようになり、議論へのコミットを促進したり振り返りに活用してもらいやすくなるという効果があります。

テーマの描き方

　その話や議論の中でいちばんの中心になっていることを聞き分けて描きましょう。テレビ番組やカンファレンスなどであれば、話のテーマはあらかじめ決まっている場合が多いので、始まる前にそれを丁寧に描いておきます。描く際は、紙の上の方にペンの太い部分を使って大きめの文字で描きましょう。企業のロゴやイベントのロゴがある場合は、それをそのまま写しとるように描くと、後から見た時にわかりやすくなります。

似顔絵の描き方

　似顔絵は、実は過度に似せようとする必要はありません。似せ過ぎてしまうと本人の特徴を誇張して描くことになるので、絵に慣れていないと程良いデフォルメができず、「こんな風に見えているんだ…」と相手を傷つけてしまうこともあります。慣れるまでは、似せようとせず、シンプルな線だけでアイコン化した似顔絵を描いてみましょう。

1　輪郭となる丸を用意。
2　点と線で顔を描く。
3　髪型や特徴的なアイテムを載せる。

輪郭の形を変え、髪型を変えることで、目や口がただの点と線でも、いろいろなバリエーションが作れる。

話の全体をグラフィックで一枚の紙に整理してみよう

さまざまなタイトルビジュアル

話題をひとかたまりのトピックセットにしよう

　話の全体を一気に可視化することは不可能なので、ひとつの話題のキリの良いところをひとかたまりにして、トピックセットにしていきましょう。

1. キーワードを聞き取る

　議論や対話の中で登場した重要な言葉や問いかけを、キーワードとして描き出しましょう。そもそも何を描けばよいのかはじめは悩むかもしれませんが、普段メモを取るときに、聞いて大事だと思うようなことを描いていけばOKです。もし困ったら、特に話者が疑問系で問いかけてること、大きな声で話したり何度も繰り返すこと、指をさすことなど、力を入れて話してることに着目するとよいでしょう。

2. キーワードに対するサマリー文を作る

　キーワードに対して話された内容を要約して2行程度にまとめましょう。全部を描きたくなってしまうのですが、コツとしては主語と述語と少しの修飾語、この3つを押さえることです。例えば『タイタニック』だったら「2人の男女が船の上で出会う」。ゴジラだったら「巨大生物が東京で暴れる」。そのくらい単純化して要約しましょう。仮にうまく要約できなかったり単純化しすぎても、断片だけでも描き留めておけばあとから思い出すことができます。

3. サマリー文で表現しきれない部分をグラフィックで描く

　文字だけでは表現しきれない部分やわかりにくい部分を、グラフィックで表してみましょう。STAGE1で行ったように、事実と感情に着目してシンプルに表してみましょう。難しいと感じる場合は、まずは関係しそうなアイコンだけでもそばに描くことから始めましょう。

4. キーワード、サマリー文、グラフィックを線で囲む

　キーワード、サマリー文、グラフィック、この3つが描けたら線で囲みましょう。囲み方の形は何でもよいですが、ひとつのグラフィックレコーディングの中では統一しましょう。もし複数使う場合は、Aに関するトピックは円、Bに関するトピックは四角といったように、意味のある分類にしましょう。最後に、強調したい部分に色を塗って、トピックの完成です。

話の全体をグラフィックで一枚の紙に整理してみよう

1. キーワードを聞き取る。

2. キーワードに対するサマリー文を作る。

3. サマリー文をそのままグラフィックにする。サマリー文で表現しきれない部分を補足する。

4. キーワード、サマリー文、グラフィックを線で囲む。

状況に応じてトピックセットをアレンジしよう

STAGE 2

　大事なキーワードを聞き取り、その内容を文章で要約し、グラフィックにする。これが基本の型ですが、必ずしもこれらがセットでなければならないわけではありません。話の状況によってトピックセットの描き方のバランスを変えていきましょう。

1. キーワードだけ

　話題が多く、話題に対する深堀よりも全体像を網羅していきたいときは、思い切ってキーワードだけを記録していきましょう。話し手のテンポが早い時におすすめです。後から深堀りする可能性も高いので、描き足せるスペースを用意しておくとよいでしょう。もし何もなかったら、キーワードのイメージを補強するアイコンを描いておきましょう。

2. サマリー多め

　単純化するべきではないデリケートなニュアンスを含んでいる場合、文章の方が明らかにわかりやすい場合、全くグラフィックが思いつかない場合は、サマリーだけで記録しましょう。無理に何でもグラフィック化する必要はありません。強調したい部分にアンダーラインを引いておくなどするだけで見返しやすくなります。

3. グラフィック中心

　文字だけでは判りにくい複雑な関係性が絡む事実、抽象的な人の気持ち、シンプルな5W1Hは、どんどんグラフィック化していきましょう。また「閉じこもっているようだ」「出る杭は打たれる」「行き来する様子はホッピングのようだ」などの比喩表現があった場合は、それをそのままグラフィックで表現すると、言葉だけでは表せないニュアンスによって見る人の想像力をかきたてることができます。

話の全体をグラフィックで一枚の紙に整理してみよう

キーワード、サマリー、グラフィック、3つセット

1. キーワードだけ

2. サマリー多め

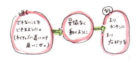

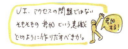

3. グラフィック中心

トピックセットを並べて、ストーリーラインを作ろう

ひとつのトピックセットが描けるようになれば、もう100個でも200個でも描けるのと同じです。しかし、次の壁になるのが、作れるようになったトピックセットを紙の中でどのように並べるか？という問題です。並べ方のパターンは様々ですが、まずはベーシックな２つの方法を押さえましょう。

1. タイムライン:時系列に並べる

描き慣れていない時にオススメなのが、話が生まれた順に並べていく方法です。順番に並べやすいように縦に線を引いて、上から下に描いていきましょう。まずは無心でトピックを作っては縦に並べていくことで、リアルタイムで話に追いつくトレーニングをすることができます。

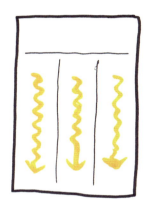

2. グルーピング:時系列を意識しつつ似たトピックを近くに集める

時系列で並べる方法に慣れてくると、安定的だった縦の並びに窮屈さを感じる瞬間がやってきます。その時は枠組みを少し壊して、Ｓの字に時系列で描きつつ、大事なトピックは大きくしたり、似たトピックはつなげるなどのアレンジをしながら描いてみましょう。

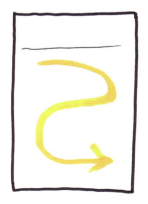

話の全体をグラフィックで一枚の紙に整理してみよう

タイムライン

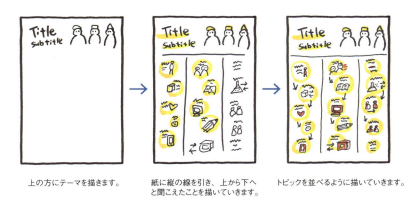

上の方にテーマを描きます。　　紙に縦の線を引き、上から下へ　　トピックを並べるように描いていきます。
と聞こえたことを描いていきます。

グルーピング

タイトルは変わらず上の方に描きます。　　左上からスタートして、逆 S の字を　　時系列こだわらず、大事になトピックは
イメージしながらトピックを描きます。　　大きく、似たトピックは寄せて描きます。

67

ストーリーラインをわかりやすくするため、矢印と区切り線を使いこなそう

　先ほどのように、聞き取ったトピックセットを紙の中に並べるだけでも十分に話の全体像は描けます。しかし、どんな順番で話が進んだのか、どこで話題が切り替わったのかなどの話のストーリーラインはまだわかりにくいです。そこで、ストーリーラインを表現するために、矢印と分割線、この2つの線を使います。どのタイミングでこの2つの線を引くかの目安としては、話の流れを生み出している接続詞に注目するのがよいでしょう。接続詞は様々ありますが、大きく2つのタイプを聞き分けることで、適切なタイミングで線を使いこなすことができるようになります。

1. 矢印の線は「順接」に注目
　話がどんな順番で進んでいったかを表現するために、順接の接続詞（だから、それで、したがって、すると）に注目しましょう。このような接続詞が印象的な場面では、トピックセット同士を矢印でつなげるといいでしょう。

2. 区切り線は「転換」に注目
　話の流れの変化を表現するために、転換の接続詞（では、さて、ところで、あるいは、もしくは）に注目しましょう。このような接続詞が印象的な場面では、トピックセット間に話題の区切りを示す線を引きましょう。

話の全体をグラフィックで一枚の紙に整理してみよう

矢印

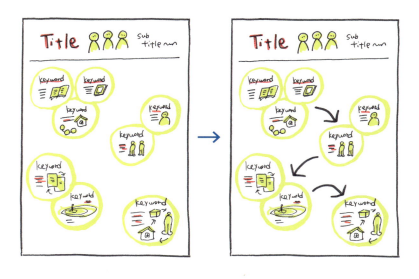

区切り線

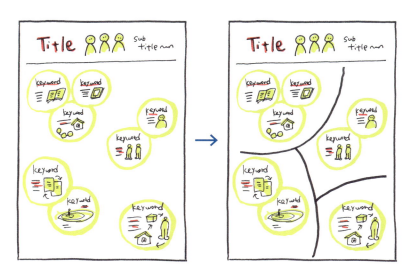

STAGE 2

自由自在にいろいろなストーリーラインを作れるようになろう

　先ほど、トピックを時系列で並べたり、似た話題を寄せて並べる方法を紹介しましたが、それだけではありません。工夫次第で様々なかたちのストーリーラインを表現することができるようになります。また、大事なトピックは大きくしたり、囲み線を太くするなどして、重要度もコントロールすることができるようになります。

矢印のパターン
　矢印は誰でも簡単に描けるアイコンですが、工夫次第で様々な関係性や物語を表現できます。太く描けば強い関係、ぐちゃぐちゃにしたら絡まった関係、破線で描けば未定の予定などなど、ただの線ですが表情豊かに使えます。

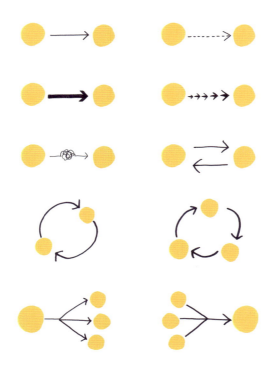

レイアウトのパターン

話の全体をグラフィックで一枚の紙に整理してみよう

とりあえず並べる。

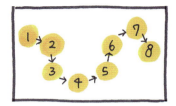

時系列や順番。

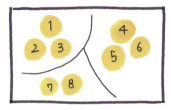

似てるものは集めよう。

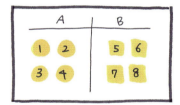

対比するものは表にしよう。

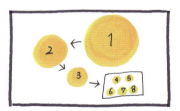

優先順位があればその順番で大きく。

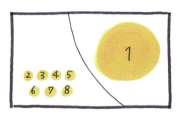

大事なトピックは大きく。

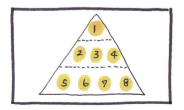

階層も表現できる。

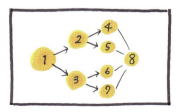

派生する話題ならば流れを作ろう。

TEDのスピーチを
グラフィックに翻訳してみよう

さて、試しにリアルタイムで話を描いてみましょう！　ここでは、棋士 羽生善治さんのTEDでのお話を題材にしてみます。

`URL` https://www.youtube.com/watch?v=Gb-frziUOo0

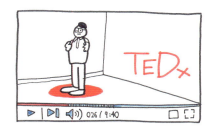

まずは道具を用意しよう

　ペンと紙を用意しましょう。いきなり大きな模造紙にチャレンジしてもいいですが、まずは手軽に入手できるA4〜A3くらいのサイズがおすすめです。そしてペンは、情報を描き分けるために3色用意しましょう。色の選び方にはできあがりのクオリティを左右する重要なコツがあります。

1色目：基本色
　ベースの文字やグラフィックを描く色です。遠くから目を細めて見ても見える色を選びましょう。
　黒　紺　紫　灰色　etc.

2色目：強調色
　目立たせたい部分に使う色です。レゴブロックのような原色の明るい色を選びましょう。
　赤　橙　緑　青　etc.

3色目：補助色
　トピックセットを囲んだり、全体的に使う色です。ふんわりと薄くて淡い色を選びましょう。
　黄　橙　青緑　水色　etc.

1. 動画を再生する前に、タイトルビジュアルを描く

テーマは大きな文字ではっきりと描きましょう。TEDのロゴを、赤で本物と似せるように描いてみてください。似顔絵は、似せることが目的ではなく、記録内容に興味をもってもらうためのきっかけです。

2. 動画を再生し、話を聞きながら、トピックセットを基本色のみで作っていこう

いよいよ話が始まったら、話を聞きながら、基本色のみでトピックセットを作っていきましょう。難しかったら重要そうなキーワードとサマリー文だけでも残していきましょう。余裕があったら、ストーリーラインを意識しながら、トピックセットを並べてみましょう。ここでは、あくまでも基本色のみでスピードに追いつくことが重要です。

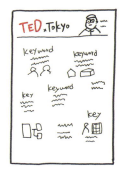

3. 動画が終わったら、ストーリーラインや補足のグラフィックを追加して仕上げよう

動画が終わったら、補助色でトピックをまとめたり、ストーリーラインがわかりやすくなるように矢印や区切り線をつけていきましょう。また、強調色で重要なキーワードにアンダーラインを引いたり、いちばん大事なトピックセットを囲ったりしましょう。

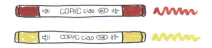

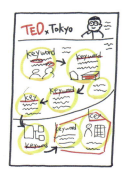

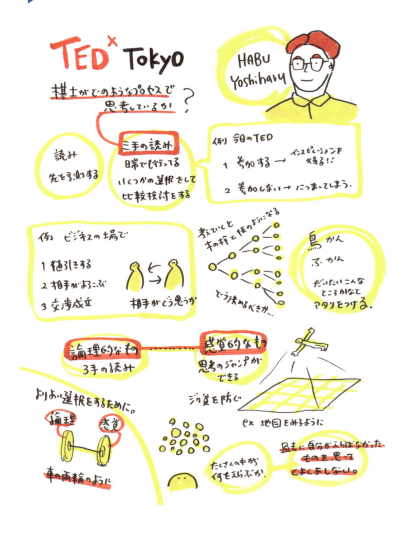

こちらは先ほどのページのやり方で筆者がグラフィックレコーディングしたものです。まずは基本色の黒のみでキーワードを中心に描きました。話が終わってからトピックセットを黄色で取りまとめて、矢印でストーリーラインを作っています。これが正解というわけではありませんが、参考として。ひとつひとつはポストイットのメモのようなものでも、組み合わせてストーリーラインでつなぐと、全体像が見えてきます。

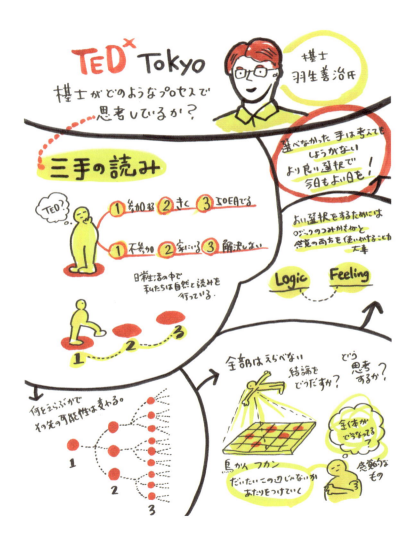

こちらは文字を少なめに、図解を多めに描いてみたものです。文字の大きさも均一ではなく、重要な言葉は大きめに描くなどメリハリをつけています。同じ話題でも様々な描き方があります。慣れないうちは言葉を聞き取ることで精一杯だと思うので、一度描いたものをゆっくり何度も描き直すなどすることでグラフィックの表現力を高めていきましょう。このトレーニングを続けると、段々とグラフィカルになってくるはずです。

解説2

　筆者が秋田公立美術大学で行なったグラフィックレコーディングワークショップで、何も説明せずに描いてもらった時のもの（羽生さんのTED動画）と、本書のここまでの内容を2時間ほどトレーニングした後で描いたもの（離島経済新聞社主宰　鯨本あつこさんのTED動画）を並べてご紹介します。

　実際に描いてみると、頭ではわかっていても、なかなか手が動かなく不安になるかもしれません。しかし秋田の皆さんのように短時間でも集中して練習することで、必ず上達します。うまくできなかった読者の方は、ここまでの内容を復習してからもう一度チャレンジしてみましょう。

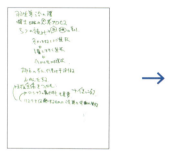

キーワードは拾えていますが、色が一色なのと、タイトルビジュアルもないので、直感的に興味を引く見映えになってなく、もったいないです。

黒と、つながりを示す緑の役割が明確なので、レイアウトが少しごちゃっとしていても内容が浮かび上がってきます。

graphic record by 阿部和司

話の骨子ではなく、美しいグラフィックに力を入れようとして、結果、話のスピードに追いつけずに、何も描けなくなってしまったように見えます。絵の上手な人が陥りがち。

一気に描こうと欲張らずに、まずはキーワードを描き留めることに注力したことで全体像を描けるようになり、持ち前の絵の上手さと相まって、目を引くグラフィックレコードになりました。

graphic record by 佐藤まどか

話の全体をグラフィックで一枚の紙に整理してみよう

graphic record by 小野寿美

色の選択ミス。かなり描き込んでいるのに、そもそも見えないという悲劇。色選びは成功の鍵を握っているので、3色しっかり選びましょう。

3色しっかり使いこなしています。タイトルと結論を大きく描き込んでるので、どんな流れで話が進んだのか掴みやすいですね。

graphic record by 水原絵理

一色にもかかわらず、なんとなくまとまりが見えるのが素晴らしいと同時に惜しい。囲みがないため、ストーリーラインがぼやけています。

タイトルビジュアルも明確で、トピックセットもはっきり見えます。2色使いでどこを強調したいのかがわかりやすい。

graphic record by 肉戸未咲

色の選択は完璧で、もともとグラフィックでの記録が上手！ですが全体のストーリーラインがパラパラしています。

イメージを増幅させる細かいグラフィックが増えつつ、テーマ、内容、結論という全体像がはっきりと見えやすくなりました。

77

事例紹介

　筆者があちこちのトークイベントやカンファレンスに出かけては描きまくっていたグラフィックレコードを紹介します。タイトルビジュアル、トピックセット、ストーリーラインを意識して見てください。

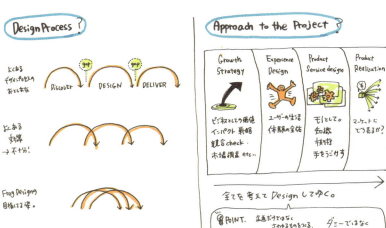

話の全体をグラフィックで一枚の紙に整理してみよう

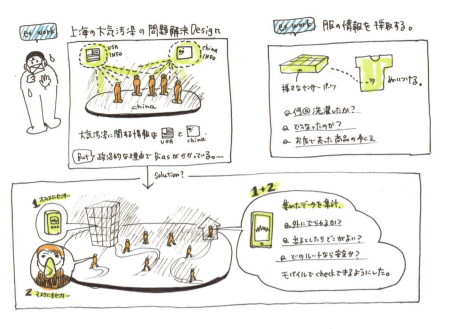

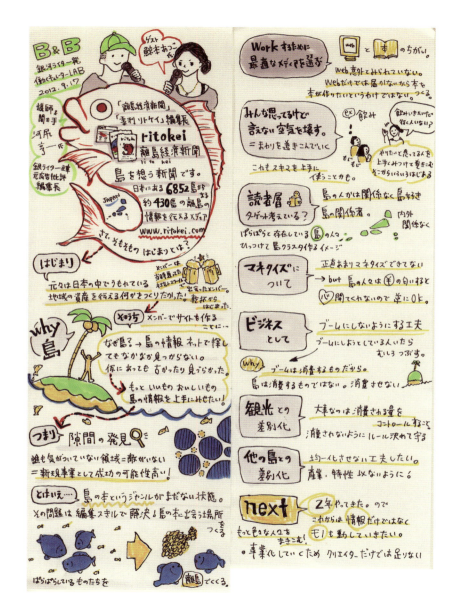

話の全体をグラフィックで一枚の紙に整理してみよう

81

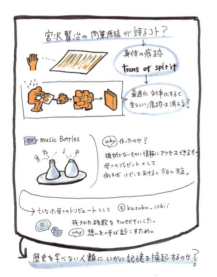
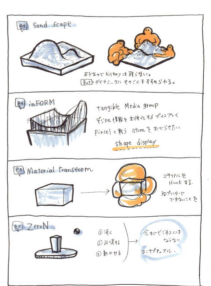

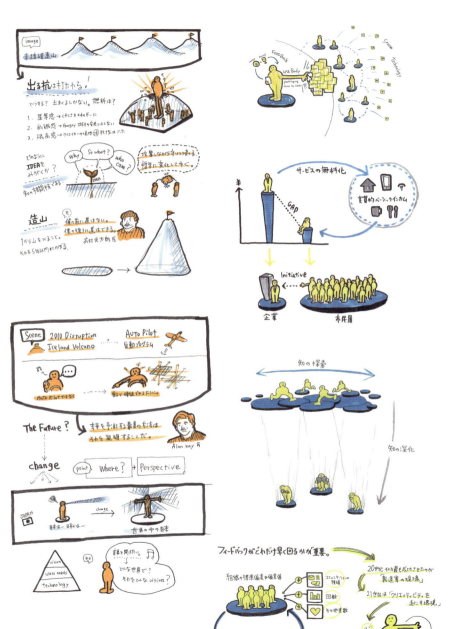

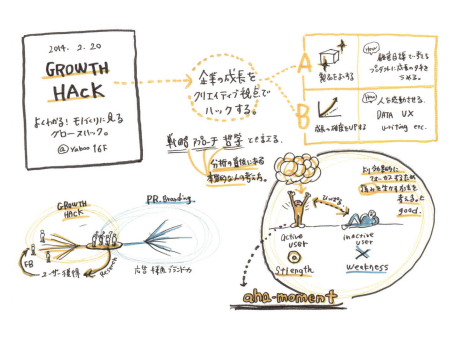
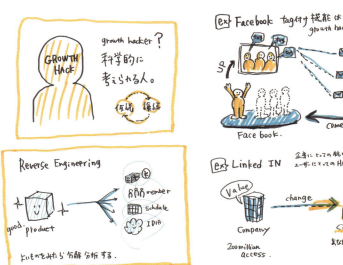
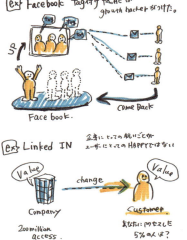

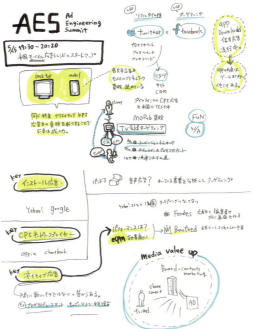

話の全体をグラフィックで一枚の紙に整理してみよう

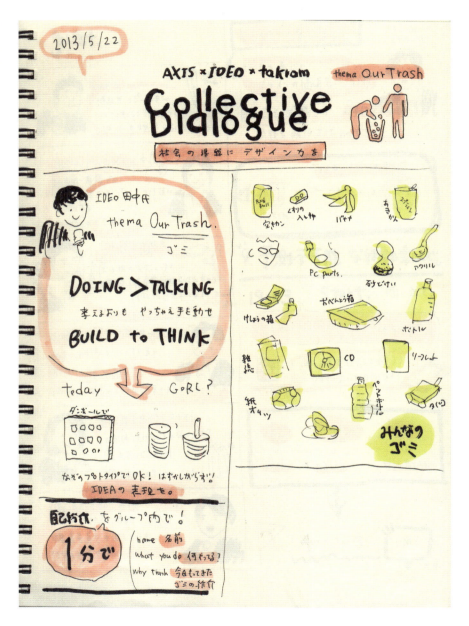

話の全体をグラフィックで一枚の紙に整理してみよう

色々から……

Han Pham ベトナム生まれの工業デザイナー

WHOに直接行ってリサーチ。
アフリカ、難民キャンプ
but 学生なので直接行けない。

6月しかなかった ソマリア ケニア

★ Researchのtaskをだしてやってもらう。
★ モックアップもつくってどんどん試してもらう。

Q どのようなコミュニケーションした？
インターネット デンマーク気軽にしていたので問題なし

Q どのように作った？

why 感染症になるから
reason1 → ニードルを折るとき
2 捨てるとき。

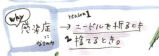

容器自体に恐怖
Safety どこにでもある。
利用していくというプロセスに。

良心的な価格 誰でも持てるように 安く

500ml 330ml 1000ml 500ml

technical details. 意図的に全部しくんでる

Yellow One Needle CAP
う形状内に何があるかわかるように
ドクロで危険を表す イエローでもみためよう
文字がなくてもわかる工夫

素材 ポリプロピレン 安く 7年間で48ヶ国に広まった。

Graphical elements. 誰でも使える工夫

ハイチのじしん 使われた。
デザインメーカーとして提供している。

コペンハーゲン 麻薬中毒者にも。 **Drug addict**

デンマークのバー 麻薬の針をそこらにすてて 危険
danger 子供が危険

実際に麻薬中毒者と過ごしてリサーチをした。
タバコっぽいけど 大きさのた袋をつくった。
→ どんなニーズがあるか どんな習慣があるか リサーチする
プロトタイプ作るのが高かったけど みんなもっていってしまった。
効果がある

30%のニードルの回収を実現した！ 30%

Q 現在の活動はどんなことしてるのか？

A デンマークのDesign
デザイナーのステータス高い 尊敬されている
途上国にデザインを提供している。
ex 遠藤さん、アスリートのためのぎそく、途上国へのぎそく

美しいものにかこまれたらいい人になれる ビッグ子想

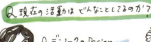
あらゆる視点から、立場から 反対に立とうとする
私だけから 見ていない。 心意気

手あらい/うがい いかに定着させるか。
バクテリア 赤ちゃんについてしまう。危険

72回 ナースが8時間働くと72回洗う必要あり

→ but 実際は忙しくて洗えていない。問題
量の把握むずかしい。
片手でactionする人の行動からヒント。 Poket
エクストリームユーザー 片手のaction

話の全体をグラフィックで一枚の紙に整理してみよう

design skolen kolding
ヘルスケアという分野。デザインで解決
教えるというより解決。 Healthcare

ソーシャルデザインとは？何？ Social Design

社会の中で、町の中での問題を解決する。
カタチがないデザインかな？

Method？
ふつうのデンマークメソッドの手法とちがう。
メソッドはある。メソッドターゲット。

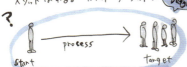
start — process → target

Design？

Method of Danish Design？
デンマークのデザインメソッドとは？？

答えはない。but 考えてみて。ex ケースを観察してみる。
イダに文房具とかがたくさんもってる。
全部整理してあげる！iPad 周囲
行動か習慣をよくみる。

ヒントがたくさんある。それを Design するかんじ？

Research
リサーチ。どんなものが必要かを調べる。
→ output 想像できないことも多く、イライラする人もいる。

単純ではない。social
数値化はしずらい。complex 複雑 というより
wichness. 仮説は意味ない。想像できないから

多面性

満足。ベンチマーク キーマン。豊かさとは？
House Vision

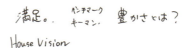
Design を通して社会の問題をみつける
find the problem / social / Design / chaos!

21世紀の問題
Designing 領域をひろげる Design

社会の課題は何なのか？豊かさとは何？

Answer
じゃない
たぶん
1つではない
正解はない
関係をどんだけタタミかけられるか
複雑で多面性 つなげるか

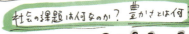
JAPANでは？
日本 まんがのイメージ → 良い人たくさん → インスパイア
ソーシャル コンプレックス プログラム 食べもの京都最高!!

こんな企業と組んで仕事してみたい！ありますか？

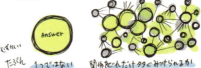
パナソニック。ソニー。富士通 Panasonic スマートグリッド
2020〜ショーケース。

須藤シンジ氏
障がい者と健常者がまざりあった
社会をめざす
Design で境界をとりさる。
ビジネスモデルとして。
チャレンジ

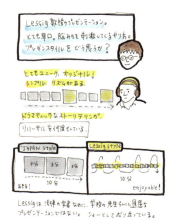

話の全体をグラフィックで一枚の紙に整理してみよう

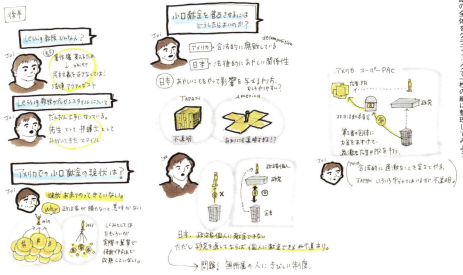

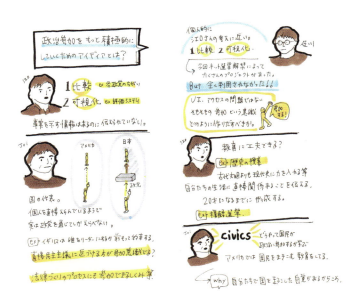

91

ノートからウォール（壁）へ

　ここまでのトレーニングで、自分のノートの中であれば、グラフィックレコーディングができる自信がついてきたと思います。次の章では、自分のノートから外に飛び出し、人前でグラフィックレコーディングができるようにしていきましょう。一人でじっくりと描けても人前で描くのはとても勇気がいると思います。いきなり長い話を大きな紙に描くのは無謀なので、少しづつ大きくしていきましょう。上達のポイントは3つあります。

1. 毎日、様々な話題にチャレンジしよう

　様々な話題に対応できるように、耳で聞き取れる話はすべてグラフィックレコーディングの材料だと思って毎日を過ごしてみましょう。題材はいろいろな場所にあります。TEDで自分の興味のあるスピーカーの話を描くのはもちろん、NHKオンデマンドで過去の番組を探すのもオススメです。また、外に出かけて自分の専門分野の学会やカンファレンスに行ったり、ラジオや友達の電話など柔らかい対話を描くのも勉強になります。

2. 聞き取る時間を長くしていこう

　TEDは10分でした。もしかしたら10分で既に疲れてしまったかもしれませんが、時間を30分、1時間、2時間とどんどん長くしてみましょう。もし会議でグラフィックレコーディングを使う予定があるとしたら、最低一時間は集中して描けるようになっておく必要があります。

3. 紙を大きくしていこう

　A4ほどのノートを基本に練習をたくさんし、慣れてきたらA3、模造紙、ホワイトボードなど、どんどん大きくしていきましょう。A3から模造紙に描くのは自宅だと準備がなかなか大変です。そんな時に3Mのビッグパッドを持っていると便利です。これは大きなポストイットのような紙で、自宅の壁に貼って練習が可能です。

話の全体をグラフィックで一枚の紙に整理してみよう

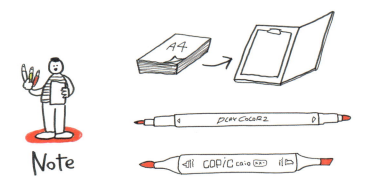

ノートでの練習は、A4 のコピー用紙がおすすめです。バインダーに 10 枚ほど挟んで持ち歩き、練習になりそうなシーンで描いていきましょう。失敗したものはどんどん捨てて、とにかく枚数をこなしましょう。文房具はプレイマーカーの黒とコピックのカラーがオススメです。いずれも画材屋や文房具屋で購入できます。

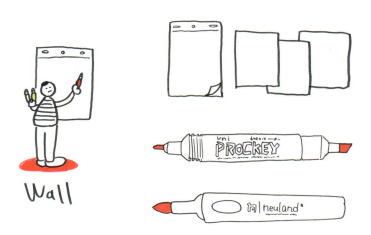

壁に描く練習は、3M のイーゼルパッドがおすすめです。どんなペンでも裏写りしないので、自宅やオフィスの壁に貼って大きく描く練習をしましょう。文房具はプロッキーか、ドイツの文房具メーカー Neuland がオススメです。Neuland は 2016 年現在、日本で買うには通販しかありませんが、GF のために作られたペンなので非常に使いやすいです。Neuland の通販はこちら。http://us.neuland.com/markers-und-more/

STAGE 3

グラフィックレコーディングで課題解決をしよう

話を淡々とまとめて整理していくだけではなく、人々が集まる場での議論を
グラフィックレコーディングすることで、積極的に課題解決していきましょう。
限られた時間の中で、様々な人々の思惑を一箇所に整理し、課題を再定
義して、みんなで協力できる状態にするためには、様々なスキルが必要で
す。一連の流れを学んでいきましょう。

STAGE 3

会議の中でのグラフィックレコーディング

　このSTAGE 3では、実際の日常の会議の中で議論を可視化し、限られた時間の中で全員が納得でき、より良い結果を出せるようにサポートするグラフィックレコーディングの方法を学んでいきます。ここで想定している会議は3〜20名ほどの参加者で、ファシリテーションのプロは存在せずに、主催者や上司が司会者を担っています。もしかしたら日本でいちばん多い会議のスタイルかもしれません。このような状況にグラフィックレコーダーがいた場合、ひとつのパターンとしてどのような流れで進んでいくかを見ていきましょう。

ある日のA社
架空のあるIT会社でのひとコマ。60分のMTGがセットされ、部長、エンジニア、ビジネスアナリスト、デザイナー、そしてグラフィックレコーダーが集まりました。

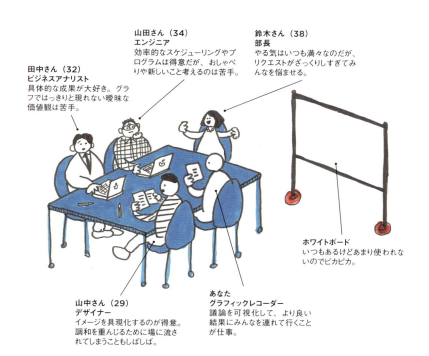

田中さん（32）
ビジネスアナリスト
具体的な成果が大好き。グラフではっきりと現れない曖昧な価値観は苦手。

山田さん（34）
エンジニア
効率的なスケジューリングやプログラムは得意だが、おしゃべりや新しいこと考えるのは苦手。

鈴木さん（38）
部長
やる気はいつも満々なのだが、リクエストがざっくりしすぎてみんなを悩ませる。

ホワイトボード
いつもあるけどあまり使われないのでピカピカ。

山中さん（29）
デザイナー
イメージを具現化するのが得意。調和を重んじるために場に流されてしまうこともしばしば。

あなた
グラフィックレコーダー
議論を可視化して、より良い結果にみんなを連れて行くことが仕事。

1. 会議が始まる。

部長より、「現在製作中のアプリにいくつかの新機能を搭載したい。そのために、どのように進めていくべきかをみんなに聞きたい」との話が切り出されました。しかし、あまりにも新しい機能要件だったために、みんなも何が不明確で何を決めればいいのかもわからず沈黙状態に陥り、誰も口を開こうとしません。忙しいメンバーなので、この機を逃すと次に集まれるのは1週間後になってしまいます。なんとかこの会議の1時間で実行可能な何かしらのアイデアを見つけなければならないという状況です。さて、グラフィックレコーダーはどうやってこの状況を打破していくでしょうか。

🔊 ポイント

まずは「少し整理してみましょうか?」といった具合に声をかけつつ、ホワイトボードの近くに行きましょう。可能なら全員ホワイトボードを囲むような場所に椅子を移動して集まってもらいましょう。

2. グラフィックレコーディング開始。

　しーんとした沈黙状態。その中で、グラフィックレコーダーは今回のテーマである「新機能が搭載されるスマートフォン」をボードに描きます。すると、自然と参加者全員の視線がボードに向かいます。既にわかりきっている事実、「何を（What）」という部分を言葉ではなくスマートフォンのアイコンで描くことで、最終的に何を考えればいいのかというイメージを共有することができます。また、参加者にとっては、何かを話せばすぐに描いてくれるという期待感と安心感を場にもたらします。

◀)) ポイント

　沈黙状態でも、まずわかっている事実だけでもボードに描きましょう。みんなの視線と思考をひとつにすることができます。全く何もわからない状態であっても、日付や参加者の名前だけでも描き込んでボードに視線を集めましょう。

3. いちばん情報を多く持ってる人から詳細を聞き出して、わからないことを明確に。

　いくつかあるという新機能の詳細を知っているであろう部長に質問します。「新機能はいくつありますか?」　すると、新機能の数は明らかでしたが、どんな機能なのかというイメージは曖昧であるようでした。また、新機能がいったいどのようなものなのか、部長自身もまだわからず答えを持っていないことがわかりました。「いちばん情報を多く持っているであろう人でさえまだわからないことがある」。わからないことが、わからない。この状況を明確にすることで、参加者は質問をしやすくなります。

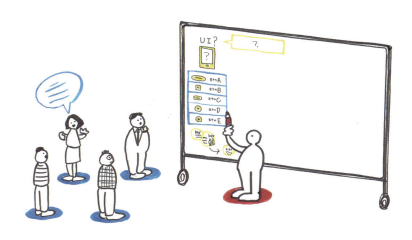

🔊 **ポイント**

　いちばん情報を多く持っているであろう人から今わかってることを聞き出して、わからない部分を明確にしておくことで、全員が発言しやすくなります。逆に、情報を持ってない人に「何かありませんか?」と聞いても困らせてしまうので要注意。

4. それぞれの考えを一箇所にまとめる。

　不明点が明確になったからか、全員が新機能に対して持っている疑問や考えを話し出しました。部長、デザイナー、エンジニア、営業、様々な専門性からの観点で話される情報を聞き分けながらレコーディングしていきます。機能、想定するユーザーの使い方、ニーズ、開発方法、この4つでの整理ができそうだと見えたので、表でまとめるようにしました。一見バラバラな発言も、一箇所にまとめて描くことで、同じ問題を解決するための意見であるという共通認識になっていきます。

◀ ポイント

　どのような文脈なのかを読み取って、単なる箇条書きではなく構造化していきます。ここでは、比較をしやすいマトリクスを使っています。「誰が言ったか」ではなく、「何を言ったか」で、考えやすい形にしていきます。

5. 後ろ向きな意見を洗い出す。

　ここまで話すと、この新機能に対する後ろ向きな意見もちらほらと出てきます。うまくいかない理由、ユーザーに受け入れられない危険性、時間や予算が足りないなど、様々なネガティブな課題が出てきました。このような意見には目を背けたくなるものですが、しっかりとありのままレコーディングをしましょう。不安が明確に記録されると、逆に客観的な視点になり、そもそも気にしなくてもいい問題なのか、しっかり考えるべき問題なのか、冷静に見分けることができるようになります。

◀ ポイント

　後ろ向きの意見をしっかりと聞き取りまとめることで、漠然とした不安が軽くなり、冷静な判断ができるようになります。もし乱暴な言葉が出たら、そのまま描かずにポジティブな言葉に変えていくと場が前向きになります（頑固な人がいる→強い自分の考えを持った人がいる、など）。

6. 課題の再定義を行う。

　新機能に対する認識も揃い、後ろ向きな意見も全て吐き出したところで、今日は結局何を考えるのかを再定義します。今までの話とは異なるフェーズになるので、分割線で区切りをつけて思考の切り変わりを表現したところで、「では、どうすれば今出てきた問題を解決できるんでしょうね？」という軽い問いかけをしましょう。すると、すべての機能を搭載することではなく、まずは2つの機能を中心として開発していくことが、他の3つの機能の開発を助けるということがわかりました。「2つの機能をどのように作っていくか」、ここに注目して答えを出すことに残り時間を使っていこうと意思疎通できました。

◀)) ポイント

　たくさんの細かい問題が出てきても、まずはいちばん大きな課題を見つけるようにしましょう。出てきた課題を全て羅列するのではなく、根元にどんな問題があるのかをみんなで考えていきましょう。もし難しい場合は優先順位を決めましょう。

7. アイデアを出す。

再定義された課題に対してアイデアを出しやすいように、再びスマートフォンを描きます。既に解くべき問題が共有されているので、みんながどんなアイデアを出せばよいのか共有できている状態になっています。ブレインストーミングの原則である、量を重視する、アイデアを結合し発展させる、判断・結論を出さない、粗野な考えを歓迎する、この4つを意識して多くのアイデアを出してもらいましょう。出してもらったアイデアは、どんなに荒唐無稽でもどんどん可視化することで全員のテンションが上がります。

🔊 ポイント

アイデアを描く時は、小学生が見てもわかるくらいに明快なイラストで描いていくといいでしょう。STAGE 1で学んだ「様々な事象をアイコンで描こう」を参考にしてください。話のスピードが速い場合はキーワードだけでも描き留めておきましょう。

8. 次のアクションを決める。

　出てきたアイデアの中から、これから進めていくべきものを選びとり、今後のアクションを決めます。みんながどのアイデアを良いと思っているか、どれにいちばん可能性を感じているかなど、評価の理由も描き込むと単なる多数決になりません。選んだアイデアに対して必要なアクションを描き出して、しっかりまとめます。最後に、実行する人と期間を描き込んだら会議は無事終わりです。もし不参加者がいても、このボードを撮影して写真を送れば、次回のミーティングの始まりもスムーズになるでしょう。

🔊 ポイント

　アイデアを出し終わったことに満足せず、現実的にどうするかをしっかり記録していきましょう。夢のあるアイデアを出し切って終わるのではなく、現実的なアイデアを選び取り、実現方法を考えるところまでいけることを目指しましょう。

描いた内容と時間の使い方を分析してみる。

ここまでの8ステップで、会議の中でのグラフィックレコーダーの働きがなんとなく掴めたかと思います。描いている内容とやっていることは複雑に見えますが、実は1時間を3つのフェーズに分けてメンバーの参加度合いを徐々に促進し、時間内での課題解決に至れるよう導いています。

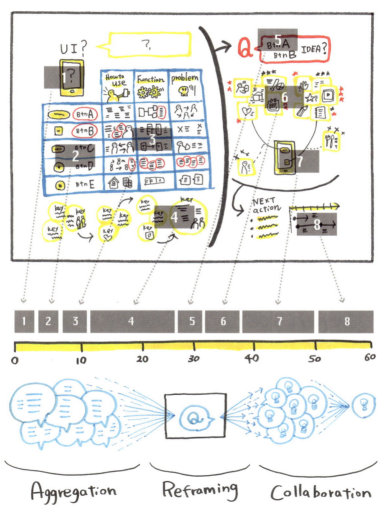

1. 散らばった意見を集めて整理する時間　2. 課題を再定義する時間　3. みんなでアイデアを出す時間

会議の３つのフェーズ

　さて、ここからは、先ほどの事例のような場面をはじめ、様々な会議の中でグラフィックレコーディングを行うためのテクニックを学んでいきましょう。会議を課題解決に導く３つのフェーズ（Aggregation ／ Reflaming ／ Collaboration）で、グラフィックレコーダーが何を行っているか、またどんな効果が期待できるかをご紹介します。会議の時は、ただ単にわかりやすく描くだけではなく、会議の状況を読み取り、「今どんな記録が必要なのか？」ということを想像することが大事です。

Aggregation:散らばった話を一箇所に集める。

　議論がバラバラに散らばってしまうような状況においては、まずみんなの発言に耳を澄まして、一箇所に集めて整理していきましょう。目に見えない混沌とした議論は人をどんどん不安にさせます。リアルタイムで可視化するだけで、雰囲気が前向きになります。また、気がついた点も指摘しやすくなり、自然と議論が活性化していきます。

Reframing:現状の問題から、課題を再定義する。

　一見、議論が盛り上がっているようでも、実は問題に対して後ろ向きな考え方しかできなくなったり、ぶつかり合って行き止まりになってしまうことは多々あります。そんな時は、その状況を見ないふりをせず、ありのまま描きましょう。すると参加者が客観的な視点を得て、解決のための前向きな思考に変わっていきます。

Collaboration:解決に向かって全員で進む。

　様々な人々が集まる場で意見を言うことに遠慮をしてしまう、そんな状況では、参加者がそれぞれ持つ考えをグラフィックで共有する仕組みを用意しましょう。面と向かって言えなかった本当の自分の考えを、グラフィックを通じて大胆に共有できるようになります。相手との違いを前向きな多様性として楽しめる状況を作り出します。

Aggregation

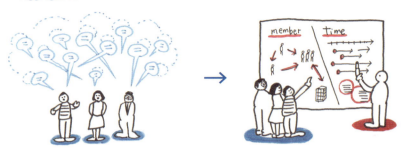

話があちこちに散らばってしまう
みんなが自由に話しすぎて、結局何を話しているのかよくわからなくなってしまう。

何を話すべきかがわかるようになる
話の全体像が見えるようになるため、広い視野で必要な話をするようになる。

Reframing

問題を複雑に感じて思考停止してしまう
思考も気持ちも悪い方に偏って、迷子、または行き止まりになってしまう。

別の視点を発見して前向きになる
偏りを客観的に眺めることで、どういう方向に進めば目的地に着くか明確になる。

Collaboration

それぞれの違いを恐がってしまう
人と自分の考えが違うかもしれないことに恐れて、発言が消極的になってしまう。

多様性として楽しめるようになる
お互いの考えや専門の違いを安心して共有し、積極的に協力ができる関係になる。

Aggregation:
散らばった議論を一箇所に集めよう

どのようにグラフィックレコーディングを始めればいいのか？

「話を整理しやすいように、会議で書記を担当させてください」と主催者に軽く伝えておきましょう。また、「困った時に話を振っていただければ、書記の視点から気がついたことをお話できるかもしれません」と伝えておくと、会議の中でコメントしやすくなります。もし、主催者と連携する時間が間に合わなかった場合は、会議が始まってから、「ちょっと整理してみましょうか？」と言いつつホワイトボードの前に移動して、グラフィックレコーディングを始めるとよいでしょう。

事前に「書記を担当させてほしい」と主催者に伝えよう。

会議中に実践してみようと急遽思ったら、手を挙げて整理を買って出よう。

どんな道具を使えばいいか？

　会議の中でグラフィックレコーディングを始めるためには、特殊な道具は必要ありません。日常の会議で使っているホワイトボードやペンで十分です。万が一、ホワイトボードがない環境の場合は、模造紙を壁に貼るか、机の上に模造紙を広げておくなどしましょう。何に描くかよりは、どこに置くかが重要です。ボードは、参加者全員から見える位置に置いておきましょう。できたら参加者もボードを使って説明できるよう、参加者の席をボードを囲むように配置しましょう。

特別な道具はいらない。
いつものホワイトボードで十分。

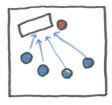 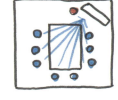

何に描くかよりも、どこで描くかを気にしよう。
みんなから見える位置がベスト。

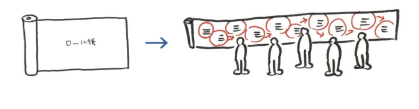

紙を使う場合は、大胆に部屋いっぱいに広げて貼っていくとよい。

描く時に気をつけることは?

全体像を素早く把握することに絶大な強みをもつグラフィックレコーディングですが、使い方を間違えると議論の方向性を捻じ曲げてしまうこともありえます。例えば、誰かの意見を無理やりグルーピングしたりすると結論が変わってしまう恐れもあります。たかが記録といえども、実際の発言そのものより、残された記録のほうに現実が引っ張られてしまう危険性を意識しておきましょう。そのような状態を回避するために、グラフィックレコーディングする際は下記の3つを守りましょう。

1. 目的意識を持つ

「なぜ議論を可視化しているのか?」という問いに対していつも自分なりの答えを持つようにしましょう。描くこと自体が目的にならないように、万が一、議論の可視化の目的意識に共感できない場合は描かない勇気も必要です。

2. 公平を心がける

議論や対話の目的に合っている意見は、全部平等に扱いましょう。全部は描けなくても、キーワードだけでも必ず描きましょう。もし抜け漏れが不安になった場合は、自分で判断せずに参加者に問いましょう。

3. 事実に基づくように

グラフィックレコーダーの解釈を入れて中身の改変や創作を行ってはいけません。ただ、全部一言一句厳密な記録は無理なので、適切な事実の要約を行いましょう。もし自分の意見がある時は、発言してから記録に入れましょう。

間違えて描いてしまったら怖いし恥ずかしい

　少し不安だなと思ったら、「こういうことですか?」とグラフィックレコードを提示して確認していきましょう。もし参加者から突如「間違ってる!」「ちょっと違う!」といった反応があっても罪悪感を感じることはありません。そもそも可視化をしなければ認識のズレさえ見つからずに進んでしまったはずなので、とても有益な発見であると考え、「齟齬が見つかってよかったです。ではどのようなことなのでしょうか?」と質問して修正していきましょう。間違った記録が一人歩きしないように、常に発話者から見える位置で描きましょう。

描いたものを「違う!」と指摘されても焦らない。齟齬が見つかってよかったと考える。

どこがどう違うのか、グラフィックレコードベースで確認して進めていこう。

文字ばかりになってしまう

　実際に会議で描いてみると、グラフィックを使う余裕が持てず、文字だらけの箇条書きになってしまうかもしれませんが、焦ることはありません。字が多いか絵が多いかは関係ありません。文字の多さよりも、議論の全体像が掴めて表現できているかが重要です。よりわかりやすいグラフィックになるまでの段階は主に4段階です。全体像が聞き取れないのに無理して不明瞭なストラクチャー風にしてしまうよりは、まずは文字ベースでも全体を描けることが重要です。簡単なマークアップやグルーピングを取り入れながら、じっくりとレベルを上げていきましょう。

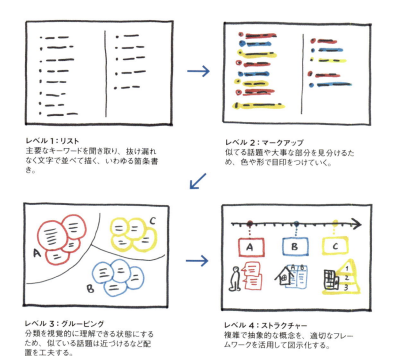

レベル1：リスト
主要なキーワードを聞き取り、抜け漏れなく文字で並べて描く、いわゆる箇条書き。

レベル2：マークアップ
似てる話題や大事な部分を見分けるため、色や形で目印をつけていく。

レベル3：グルーピング
分類を視覚的に理解できる状態にするため、似ている話題は近づけるなど配置を工夫する。

レベル4：ストラクチャー
複雑で抽象的な概念を、適切なフレームワークを活用して図示化する。

ストラクチャーを示すための適切なフレームワークがわからない

　議論で使えるフレームワークは、それ専門の本も出るほど種類が多いので全部を紹介することはできませんが、ここでは議論の中でよく使う6つを紹介します。議論の流れを読み取って、「今どんな情報がこの場に必要か？」ということを考えながら選ぶと、より適切なフレームワークを選び取れます。いきなり正しいフレームワークを選べなくても、まずはマークアップやグルーピングで記録しておいて、必要な図がわかった時点で描き直してもいいでしょう。

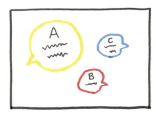

1. 発言量をそのまま面積にする
話していない部分に気がつきやすくなる。

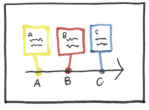

2. できごとを時系列に並べる
複雑なプロセスが一直線になり、食い違いを防げる。

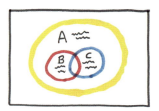

3. 話題の位置関係を地図にする
抽象的な価値や思考を表し、考えを深めやすくなる。

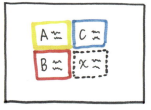

4. 表にして空白を埋めていく
考えるべきことを空白で示し、偏りを防ぐ。

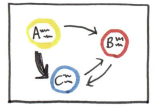

5. 関係性を矢印で表す
関係の結びつきの強弱を示して、課題を見つけやすくする。

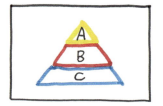

6. 優先順位を形で示す
重要な部分を明確にすることで、前提条件を共有する。

散らばるはずの話がそもそも出ない

みんなで話し合うために集まったはずが、全く盛り上がらず静まり返ってしまう。もしくは議題に無関心で違う作業をしている人がいる。そんな時は、強引に話を盛り上げるのではなく、ポストイットや紙を配って今日の議題についての自分の考えを5分ほどで書いてもらいましょう。書き終わったら、それをボードに貼ってみんなで見ながら議論を進めていくことができます。「自分が考えなくてもいいかな」と思わせないように、一人で考える時間を設けて、みんなの考えを引き出すきっかけを作りましょう。

なかなか話が始まらない時は、それぞれの考えをA4の紙にまとめてもらおう。

描き終わったら発表してもらって、それをボードに描いていこう。

グラフィックレコードに注目させるタイミングがわからない

　グラフィックレコーディングをすること自体に参加者の思考を整理する効果がありますが、会議の最中に参加者に「いったんここで振り返って整理しましょう」と声をかけて、振り返りをするために注目させるとさらに効果的です。何度もしすぎるとみんなの気が散ってしまったり会議の進行が止まってしまい本末転倒ですが、議論が行き詰まって司会者が困ってそうな時や、会議の全体の時間の半分近くを使った時に改めて注目させ、会議の推進力となるよう活用しましょう。

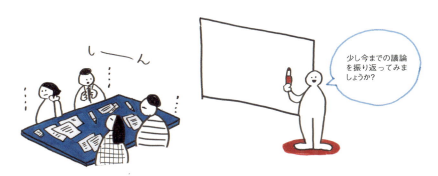

議論が行き詰まった時
・ここまでのまとめを見せる。
・それぞれの参加者の共通点と違い、似てる部分を伝える。
・レコーダーの主観的な気づきを見せる。質問でかき乱す。

会議の全体の時間の半分近く使った時
・目的に対して、十分できてるところ、できそうなところを示す。
・目的に対して、足りてないところ、今日は無理そうなところを示す。
・レコーダーの主観的な気づきやアドバイスを伝える。

STAGE 3

Reframing:
議論の偏りを解きほぐそう

意見がぶつかり合ってヒートアップ

　お互いを批判しあうような方向にヒートアップしている時は、司会者に「今あがってる課題を整理したいのですが、何を解決すればゴールなんでしょう？」と問いかけてみましょう。そして、「全体像を事実と課題と理想に分けて整理しましょう」と投げ掛ければ、みんなが冷静な気持ちになり、再び建設的な議論ができるはずです。ぶつかり合いがあっても、何かを解決したいという気持ちは同じはずなので、まずは同じ目的地を見れるように、ボードに可視化していきましょう。

議論がヒートアップ！ダメの出し合いが始まってしまったら、「事実」「課題」「理想」の3つを3色に分けて整理してみよう。

1. 事実を黒で描く
事実としてプロジェクトにどんな人がいるのかをアイコンと矢印で描く。

2. 課題を赤で描く
今問題になっていることを、関連する事実の上に描き込んでいく。

3. 理想を青で描く
どうしたら問題が解決するかを青で描いていく。

116

怒っている・不満そうな人がいる

　議論に納得がいっておらず、「こんなことやっても無駄だ」「自分はそうは思わない」など、否定的な発言ばかりをする人には、言葉で質問して答えてもらうのではなく、「たとえばこういうことですか？」とグラフィックで問いかけて描いてみましょう。もし違う場合は相手にも描き込んでもらって、行き違いを可視化していきましょう。何が違って怒っているのか、相手と建設的に共有できます。相手に感情的な態度をとられても、グラフィックを挟んでの出来事になるので、みんなのストレスになりにくいという効果もあります。

怒っている人に言葉で質問をして、言葉で答えてもらってもなかなかわかりあえないが、強いネガティブな発言ということは、「どうしても解決をしたい」という強い願いの裏返しでもある。

とにかく相手に話をしてもらうことが大事。相手を説得するのではなく、現状に対してどんな不満や不安があるかをとことん聞き出し可視化していこう。もしかしたら本人もわからなくなってるかもしれない。

課題を悪い方にしか考えられない

　課題を違う角度から捉え直して、リフレーミングしましょう。例えば、「チームメンバー同士の会話が全くなくて雰囲気が悪い。会話をしようとしても誰も話したがらない」という課題のリフレーミングを行うとすると、「会話がないということは、それぞれがそれぞれの仕事に集中している証拠かもしれない。会話ではなく、それぞれの仕事の近況を共有してみることから始めてみるのはどうだろうか？」といったように、課題に対する違うアプローチの仕方が見え、議論が建設的な方向に向かいます。課題から矢印を引っ張り、リフレーミングの例を示してみんなにも考えてもらうとよいでしょう。ちなみに、「リフレーミング」はカウンセリングで使われるテクニックのひとつです。視点や視野を変え、違う角度から物事を考えることで、意図的に自分や相手の思考を健全なものにし、ポジティブなものにしていくことです。

同じものを見ていても、見る地点によって見え方は変わる。思考停止しそうな時は切り口を変えてみよう。

「しょうがないよね」「どうしようもないよね」「困ったね」、そんな時は逆転の発想をしてみるなど、考え方が変わるような促し（リフレーミング）を行おう。

今の議論から脱線した内容を話したがる人がいる

脱線そのものを視覚的に伝えましょう。「あれ？ これ今話す？」「さっき話さなかったっけ？」といったような、今話している内容から脱線した話をしてしまう人は突然現れます。その時は、無視したりやり過ごすのではなく、その脱線そのものをグラフィックで表すことによって、脱線にみんなで気がつくようにしましょう。脱線していることを言葉で「今はその話ではありません」と伝えるとどうしても否定的になってしまいますが、グラフィックなら楽しく気がつけます。また脱線した話からアイデアが得られることもあるはずです。

例1　議論の流れに対して的外れなこと
→描き方：遠くに描く。
→声のかけ方：「ものすごく重要な話ですが、今は関係ないのでここに描いておきますね？」

例2　出したい結論をはるかに超える大きな話
→描き方：端っこに描く。
→声のかけ方：「ちょっとボードに入りきらないくらい大きな話ですね！」

Collaboration:
それぞれ違った考え方を共有しよう

色々な立場の人が集まるキックオフでしっかりとチームビルディングしたい

　新しいものを生み出すためには、様々な背景をもったメンバーが集まるのがいちばんの近道です。しかし多様性のあるメンバーは、大切にしている価値観や考え方が違うため、すれ違いも多くなりがちです。初対面のキックオフでお互いの考えていることを共有しておくことで、距離を縮めやすくなります。参加者に、この仕事で達成したいこと、自分の得意なことなどをポストイットかA4の紙に描いてもらいましょう。3分ほど時間を取って、各自発表してもらうとよいでしょう。

お互いの考えていることを共有しておくことで、距離を縮めることができる。3分ほど時間を取ってポストイットかA4の紙に書いてもらい、発表してもらおう。

グラフィックは気軽に活用するものという認識がチーム内に広がっていけば、チームメンバーひとりひとりがビジュアライズに親しみを持ってコミュニケーションを生み出してくれる。その力は何よりのパワーになる。

アイデア出しの時に活用したい

　アイデア出しの方法は様々ありますが、ブレインストーミングをグラフィックレコーディングでサポートする方法をご紹介します。ブレストは、量を重視する、アイデアを結合し発展させる、判断・結論を出さない、粗野な考えを歓迎する、この４つのルールに従って進めます。ポストイットに描きながら進めるとそれなりに盛り上がるのですが、文字だけではなかなかわかりにくいものです。これをグラフィックレコーダーが絵で描くようにすると、直感的な理解をサポートできるようになります。

文字だらけのアイデアボードだと、正しい事実が残されるかもしれないが、イメージが湧かない。また、お互いの想像してるものが合っているどうかわからず、意思疎通に時間が取られてしまう。

アイデアをグラフィックにすることで、短い時間で解像度の高い情報を伝達できる。基本的な意思疎通を素早く行うことで、残った時間でアイデアのディテールについてや深い議論が可能になる。

発言力の強い人に流されないようにしたい

「どれが良いか？」で投票してしまうと、そのアイデアの良い理由が曖昧になってしまい、結局は発言力の強い人の意見に流されることになってしまいがちです。良いと思う理由を可視化していきましょう。例えば、実現性があると思ったら赤いシール、即効性があると思ったら青いシールなど、あらかじめ評価軸を設定したうえで投票してみましょう。投票をすることで、考えが可視化されるだけではなく、みんながボードの周りに集まるので、自然と会話が発生し、議論が活性化して考えがさらに深まるという効果もあります。

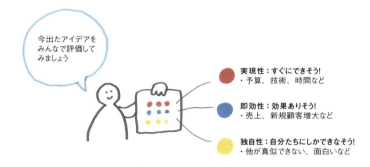

もしシールがなければ、★、◎、△などの印を各自ペン描き込んでもらうなどしてもよい。

自分の考えをシールや記号に置き換えることで、他の人と多少違う考えでも遠慮なく表現できるようになる。

会議の総括に活用したい

　ひととおり議題が片付き、無事会議が終わりそうになったら、今後もっと話し合っていきたいこと、満足したことなど、議論に対するみんなの振り返りを描き込んでみましょう。グラフィックを通して意見を描き込むと、普段は言わない本質的な考えや個性的な視点が思わず飛び出てくるはずです。そこから、次のプロジェクトのアイデアや話すべき論点を見つけて、次につなげていきましょう。グラフィックレコーダーが一方的に総括するより、なるべく多くのフィードバックを集めて主体的なチーム形成を目指しましょう。

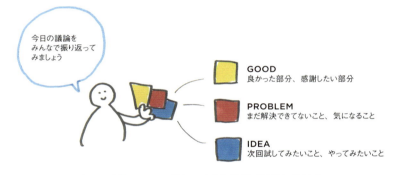

ポストイットを配って、3つの視点で、各自3分ほどで描き込んでもらおう。

実は気になってる部分や、実は良いと思ってたことなど、メンバーの本音に近づけることが魅力。

上達するためには？

大人数の会議ではなく、1対1の相談事で使ってみよう

　ここまでで、会議の中でグラフィックレコーディングを行う方法はなんとなく理解していただけたかと思いますが、いきなり自分の職場で実践するのは勇気が要りますよね。慣れるまでの上達方法として、1対1の相談の場でグラフィックレコーディングを行うのがオススメです。相手の話をグラフィックで描き起こしながら、できれば相手にもペンを持ってもらい、一緒に描きながら話すことで、議論の中でグラフィックを描くということがより理解できるはずです。

はじめは自分と立場が近い
同僚との相談事から始めてみるとよい。

慣れてきたら大きな紙で
相手と一緒に描き込むのも楽しい。

さらに慣れたらボードを使ってみよう。
ここまでくれば人数が増えても同じだ。

本当に話し合うべきことをグラフィックを通してさりげなく伝えてみよう

例えば、イベントの日程について話しているけれどなんだかうまく進まない、そういう時は「なぜ」が欠けている場合が多いです。ただ、最初から「"なぜ"を考えるのが足りない」と指摘してしまうとうまくいかないものです。いったん場にある情報をそのまま描きましょう。議論の全体像が見える時に、不足している部分をグラフィックを通して伝えてみましょう。全員で納得しながら、足りないものについて話し合えるはずです。あるものを集めることで、ないものを発見しましょう。

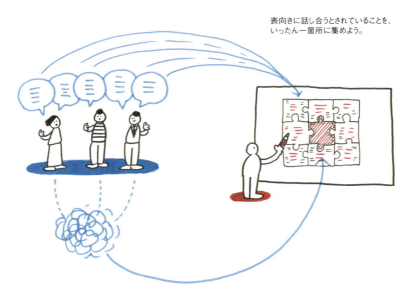

表向きに話し合うとされていることを、いったん一箇所に集めよう。

なくしたパズルのピースが見つける時のように、
情報を集めきると、本当に話すべき内容が浮かび上がってくる。

グラフィックレコーディングで課題解決しよう

3つの「きく」を意識してみよう

　人々の思考を整理して、本音を素直に話せるようなグラフィックレコーディングを行うためには、人々の話をどのように耳に入れるかが重要になります。まずは、受動的に音声を耳で受け止める「聞く（hear）」を行いましょう。次に、積極的に相手の様子を感じ取って、どんな背景や気持ちがあるのかを理解しようと耳を傾ける「聴く（listen）にチャレンジしましょう。そして最終的には、相手の話を聞き取るだけではなく、相手が辿り着きたい目的に対して適切なグラフィックで問いかけて、答えを引き出せるようになる「訊く（ask、question）」を目指していきましょう。コツとしては、STAGE 1で行ったように、事実と感情を意識しながら「きく」ことです。

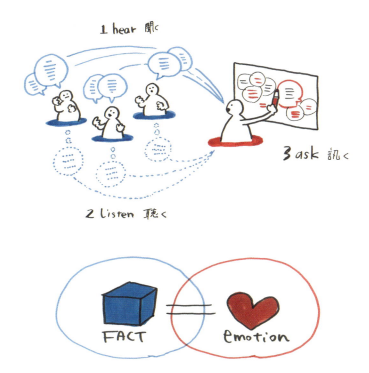

感情だけ、事実だけ、いずれにも偏らないように両方をバランスよく聞いていこう。実践していくことで、今の議論の中では冷静な事実が不足しているのか、情熱的な感情が不足しているのか、といった議論のバランスがわかるようになり、より良いサポートができるようになる。

齟齬が生まれる場面を推測しながら描いてみよう

　情報を聞き取って適切な構造に落とし込めるようになったら、さらに一歩進んで、議論がぶつからないように先回りして整理できるようになりましょう。例えばイベント開催について話し合いが始まったら、「きっと時期についての話が出るだろう、みんなの認識は一致してなさそうだ」と考え、白紙のカレンダーやスケジュールを描く。そのまま会場レイアウトの話になったら、「きっとそれぞれの理想のレイアウトがあるだろう、ぶつかりそうだな」と考え、白紙の会場の見取り図を描く。このように、経験を積んでいくと、その場の議論の流れから次にどんな話をするのか推測し、必要となるグラフィックを用意することができるようになります。すると、不要な齟齬を防げます。

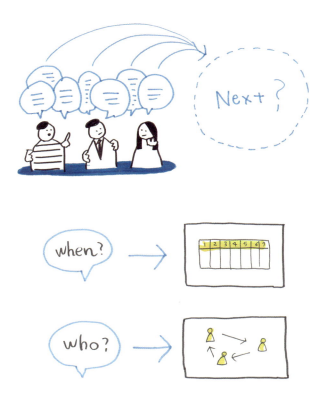

「どこ」という話がくるなら、「誰」を話すはず。「誰」を話すなら「どのように」を話すだろう。このように、目的に対してありえる議論の流れを推測しながら描けるようになろう。

APPENDIX

場の目的に合わせて
グラフィックレコーディングをアレンジしよう

グラフィックレコーディングは、対話や議論が生まれる場ならどこでも活用できます。筆者はこれまでTokyoGraphicRecorderとして様々な場所でグラフィックレコーディングをしてきました。ここでは、そのいくつかの事例を紹介するとともに、自分のノートでもなく、日常的に利用している会議室でもない場所で、グラフィックレコーディングを行うための事前準備をまとめました。

イベントやカンファレンスでの3つの準備

　日常的な会議では大げさな準備は必要ありませんが、イベントやカンファレンスでグラフィックレコーディングを行う時は、主催者、司会者、スタッフとの密な連携が必要となります。下記の3つをしっかりと心がけましょう。

1. 主催者へのヒアリング

　主催者の企画意図と目的を聞き出しましょう。曖昧なようだったら。どんな人にどんな状態になってもらいたいかというビフォー／アフターを聞き出すと、明快になることが多いです。

2. 可視化のプランニング

　目的に対して適切な方法の議論の可視化を考えてみましょう。仮にグラフィックレコーディングが目的にそぐわない場合は、別の方法を考えるか断るかの柔軟性も大事です。

3. メンバーとのコミュニケーション

　司会者やスタッフと、グラフィックレコーディングの意図と動きをしっかり打ち合わせしましょう。開催者だけでなく、参加者へのグラフィックレコーディングの紹介方法も考えましょう。ただなんとなく描くだけでも、物珍しさから「似顔絵がうまい、リアルタイムに描いていてスピードがすごい」と褒めらるかもれません。しかし、なぜわざわざリアルタイムで議論を可視化しているかという本質的な意図が伝わらないグラフィックレコーディングほど虚しいものはありません。「なぜ自分はその場で描くのか」に対する答えをしっかりと持ち、メンバーを巻き込んで楽しく準備していきましょう。

イベントやカンファレンスでの3つの効果

　オーディエンス、登壇者、参加しなかった第三者の3方向の人々に、下記の3つの効果を生み出すことができます。

効果1: オーディエンスが内容を深く理解できるようになる

　議論を聞くだけでは理解できない論点や視点をグラフィックで伝えることができます。自分ひとりで消化できなかった部分があっても、グラフィックを通して周りの人物と論点の振り返りを自主的に始めるなど、オーディエンスの思考が活性化するきっかけを作れます。

効果2: 登壇者の議論が活性化する

　登壇者や司会者が、議論の途中でグラフィックレコードを通して自身の思考の整理を行うことができます。ちょっとした食い違いを短時間で解消することができるので、より深い議論に到達できる可能性が高くなります。

効果3: 第三者にシェアして、より多くの人に興味を喚起できる

　グラフィックレコーディングは、テキストのみの議事録より短時間で全体像が把握できます。3時間のトークでも、何枚かにまとまっているので、SNSでシェアすればその場に訪れなかった人々にも興味を喚起することができます。参加した人にとっては振り返りのための資料になります。

事例紹介

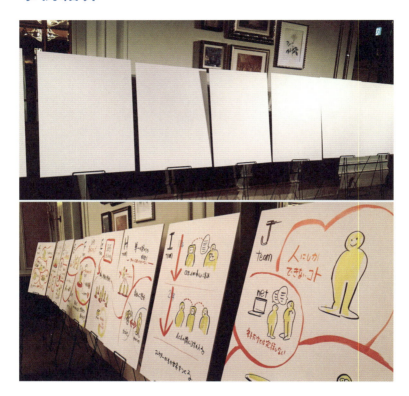

Year-end Networking Day
2015年12月＠東京ステーションホテル

日本のマーケターの集合知を作ることを目的として、宣伝会議がセールスフォース・ドットコムの協力のもとに設立した「JAPAN CMO CLUB」の一周年記念イベント。各社CMOによるマーケティングの未来に関する熱い議論を経て、2035年のマーケティングの未来予想図について9チームが3分のプレゼンテーションをしました。その内容をグラフィックレコーディングすることで、それぞれの思考の切り口やアイディアが端的に可視化され、その後の議論をさらに活性化しました。
イラストボードB1／コピック／プロッキー

本当に本当にデザインすべきもの
2015年4月@清澄白河 日本仕事百貨オフィス

とあるイベントで、NOSIGNER太刀川瑛弼氏が投げかけた「本当に本当にデザインするべきものとは」という問いに集まったメンバー。答えを持っている人、持っていない人、考え続けてきた人、この問いに初めて出会った人。多様な人々が集まったイベントにてグラフィックレコーディングをしました。様々な考えを可視化したのちに、自分の気になる部分にシールを貼って示してもらったことで、お互いの思考を深める場を生み出せました。
3Mイーゼルパッド／Neuland

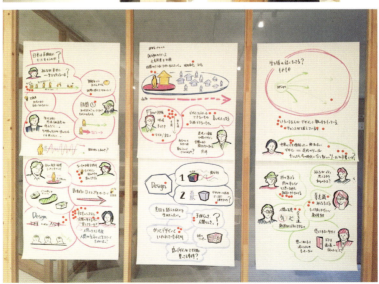

場の目的に合わせてグラフィックレコーディングをアレンジしよう

135

ヤフー 10 年会議 ヤフーらしさとデザイン原則
2015 年 3 月@ヤフーオフィス

ヤフー勤続10年以上の方のうち、勤続年数、役割、職種バランスを鑑みて選出された65名が、デザイン原則案を元に、ヤフーのこれまでの10年を振り返るとともに、この先の10年を考える会。10チームを超える多様な参加者によるそれぞれの思いを込めたプレゼンを聞きながら、一箇所にグラフィックレコーディングしました。一枚にシンプルにまとめたことで、この会議に参加できなかった人も、短時間でその場の空気と対話の内容を読み取って自分事として考えやすくなりました。
模造紙／プロッキー

EDGE TOKYO DEEPEN - 1
2015年@二子玉川

周縁都市として非常にポテンシャルが高く、変化の可能性に富んだ二子玉川の街を舞台に、パブリックデザイン、シビックプライド、クリエイティブ・コミュニティという3つの要素を掛け合わせて得られる価値や可能性についてディスカッション。2時間の幅広い内容のトークを3Mのイーゼルパッドにリアルタイムで描きつつ、似た話題を分類して張り出しました。また、途中でグラフィックを使ったフィードバックも行ったことで、より盛り上がりを見せました。
3Mイーゼルパッド／ Neuland

場の目的に合わせてグラフィックレコーディングをアレンジしよう

EDGE TOKYO DEEPEN - 2
2015年＠二子玉川屋上

開放的な屋上広場を会場に、「アート」の力で街と人の新しい関係性を築いてきた実践者2組を招き、モデレーターで本企画監修の馬場正尊氏が、著書『エリアリノベーション〜まちづくりの次の概念〜』の中で語っている工作的都市の観点を織り込みつつ行ったトークセッション。夕方から夜にかけて雰囲気が変わる中でのグラフィックレコーディング。最終的に真っ暗になった会場で、ひとつ照らされたグラフィックレコーディングを囲んで参加者たちの会話が活性化しました。
3Mイーゼルパッド／Neuland

場の目的に合わせてグラフィックレコーディングをアレンジしよう

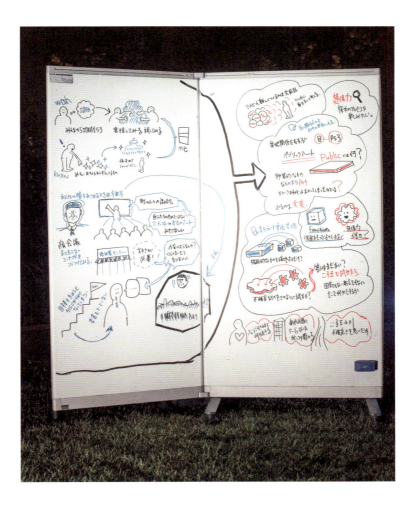

141

デザイン学会 情報デザイン オーガナイズドセッション
2015年@千葉大学

日本デザイン学会でのオーガナイズドセッションにてグラフィックレコーディング。情報デザイン学科を卒業して様々な場所で活躍するOB・OGと教員が、大学で学んだことと社会で活かせたことを語り合いました。10名を超える様々な立場の参加者の発言を全て言葉で残すのではなく、イラストで抽象化してグラフィックにまとめたことで、この学科の共通点や特徴を浮かび上がらせました。セッション終了後にはグラフィックを使ったまとめを行い、参加者が語り合うきっかけに。
模造紙／プロッキー

場の目的に合わせてグラフィックレコーディングをアレンジしよう

APPENDIX

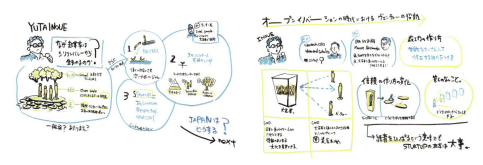

WIRED START UP ACADEMY
2013年＠六本木ヒルズ

雑誌『WIRED』が、スタートアップへの投資や社内ベンチャーの育成を行う新機軸のコンサル集団、フィールドマネージメントをパートナーに迎えて、日本で起業を目指す人に向けてスタートアップセミナーを開催。スタートアップの歴史からその仕組みや現状、さらには日本におけるスタートアップの現在位置までを網羅する幅広い内容をグラフィックレコーディング。レクチャー終了時に参加者から登壇者への質問するコミュニケーションを円滑にしました。
模造紙／ブロッキー

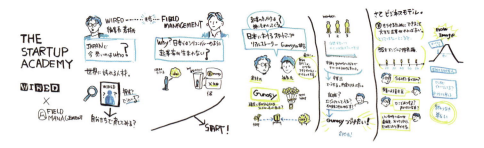

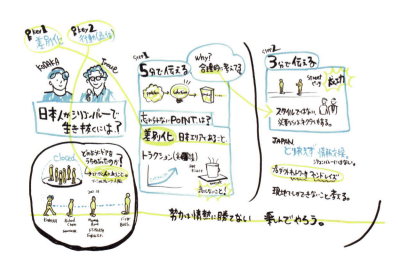

場の目的に合わせてグラフィックレコーディングをアレンジしよう

おわりに：
グラフィックレコーダーのこれから

目指すべきグラフィックレコードとは？

　あるワークショップで、受講生の方から「グラフィックレコーディングを何年続けると、華やかなグラフィックが自由自在に描けるようになるのか？」と聞かれたことがあります。たぶん半年も続ければ、話されている内容をうまくトピックセットにまとめることができるようになるし、話の流れからどのようなストーリーラインを作ればうまくまとまるかもわかるようになってきます。ただ、グラフィックレコーダーが目指すべきゴールは、華やかなグラフィックのみでよいのでしょうか？　本書をここまで読んだあなたは既にお気づきかもしれませんが、グラフィックレコーダーが生み出している価値は、議論を美しく整理したグラフィックだけではありません。それに加えて、そのグラフィックによって変化した参加者の関係性や思考に価値があります。見栄えの良いグラフィックを自在に描けるようになる技術も重要ですが、それよりも、わざわざグラフィックレコーダーを挟まなくても立ち話で意思疎通ができるチームを作れるようになることこそが、目指すべき最終目的と考えレコーディングしていきましょう。殺伐とした議論の中の齟齬がグラフィックにより解消していって、本音を気持ちよく伝え合える状態が生まれる瞬間は、本当に素晴らしいものです。

齟齬の生まれる場所とは？

　「齟齬」。本書の冒頭から最後までよく出てきた言葉です。意見や事柄が食い違って合わないことを意味しますが、注目したいのはこの漢字のカタチです。枠組みはしっかりしているのに中身はガタガタのカタチ。議論や対話で、本当は相手の言ってることが1ミリもわからず内心質問だらけなのに、雰囲気に流されてやり過ごしてしまう状況によく似ています。そんなふうに、齟齬が生まれる場所というのは、実はなんとなく黙って何かをわかりあえたかのような雰囲気を醸し出してしまう大多数の参加者の心の中にあるのではないでしょうか。今日も身の回りで起きた様々なぶつかり合い、ニュースから流れてくるたくさんのあり得ない問題、もしかしたらその始まりは、「間違えていると恥ずかしいから言えなかった」「違和感に気づいていたけど言うのが面倒だった」という小さなものだったのかもしれません。黙っているというこ

とは、大きな問題につながる第一歩とも考えられます。そんな時、わかった
ふりに加担しないで、グラフィックレコーディングで会議を変えていく人々が
増えたら、もっと様々な課題が解決できる世界につながるのではないでしょう
か。

議論の可視化は人工知能で自動化できないのか?

　本書で紹介したグラフィックレコードを描くプロセスを思い出してみましょう。
議論の音声を聞き取り、繰り返していることや力を入れて話している部分を
キーワードとして拾う。その内容をサマリーテキストに要約する。伝えきれな
いことをグラフィックに落とし込み、きりの良いところでひとまとまりにしたト
ピックにする。トピックをストーリーラインとして並べてつなげる。この一連の
議論の可視化プロセスは、頭では理解できても、外国語の習得と同じでなか
なか根気を要します。何とかテクノロジーの力で自動化できないものでしょ
うか。人々の音声から先ほどのプロセスの条件に合う分析をして、一枚の
グラフィックを自動的に作り上げることは、現在のテクノロジーで既に可能な
のではないかと筆者は考えています。さらに全世界の会議のデータを蓄積す
ることで、どんなパターンで会議が行き詰まるのか、何がブレイクスルーにな
るのかという法則も見えてくるかもしれません。すると、そのデータを貯めて、
適切なアドバイスを提案するホワイトボードを作ることも可能になるかもしれま
せん。事実の構造化や的確な示唆を与える自動グラフィックレコーダーは、
近いうちに開発されるのではないかと考えています。

グラフィックレコーダーという職業はなくなるのか?

　では、そうなった時に、本書で習得しようとしたグラフィックレコーディング
のスキルは無駄になるのでしょうか? 50年後、今の職業の半分以上は
機械に取って代わられると言われていますが、グラフィックレコーダーも消え
る職業なのでしょうか。答えは半分YESで、半分NOです。先ほどお伝え
したように、齟齬の生まれる場所は、複雑で曖昧な感情や関係性の中にあ
り、音声情報だけでは決して読み取れません。情報の的確な整理はできて
も、相手の考えに共感して協力しようと信頼しあえる関係性を生み出すよう

な場づくりは難しいでしょう。そうなった時に、未来のグラフィックレコーダーは、正確性が問われる事実関係は機械に任せて、その分浮いた時間で参加者の一歩先の理想を想像しながら新しい「視点」を提供するようなグラフィックを描くことが、今以上に求められるのではないでしょうか。音声情報をグラフィックへ置き換えるだけのグラフィックレコーダーは消えてしまうかもしれませんが、人々の議論や対話への飽くなき好奇心で、未知なる視点を独自の経験から導き出すようなグラフィックレコーダーは消えることはありません。近い将来、議論の可視化が自動化されて日本の各会議室に普及する前に、機械にコピーできないレコーディングの魅力を磨いていきましょう。50年後、私はそういうグラフィックレコーダーでありたいと日々考えています。

あ と が き

　企画を立ち上げた2014年12月から2年が経ち、その中で、私の立場も環境も関わる人々もいろいろと変わったけれど、変わらず、生活の中心には様々な種類の齟齬があります。非効率で勘違いと間違いだらけの不器用なやりとりは、嫌気がさすこともあるけれど、予測もコピーもできない人間同士の思考や関係性こそが、新しいものを生むための鍵だとも信じています。迷路のような議論や対話を解きほぐすために必要なのは、機械や専門家に正解への最短距離を示してもらうことでなく、自分自身で「自分にはこう聞こえたけど、あなたにはどう聞こえた?」と、ひとつひとつを恐れず、面倒がらず、やりとりすることなのだと改めて再確認することができた2年間でした。今回の本でお伝えできた内容は、議論の可視化が持つひとつの手段と可能性に過ぎませんが、読者のみなさんがそれぞれの課題感を持ってさらなる発展を目指していただけたらと思います。グラフィックは流行り物ではなく、言葉や映像や音楽のように根源的なコミュニケーション手段です。話をするように、歌うように、あなたのひとつの表現手段になりますよう。楽しみにつつチャレンジしてみてください。

　最後になりますが、本書を執筆するにあたって、グラフィックレコーディングの書籍が世の中の課題解決に役立つと信じてサポートしてくださった会社のみなさま、社会で活躍するグラフィックファシリテーターのみなさま、ワークショップに参加してくださった大学のみなさま、実践〜観察〜分類〜分析〜一般化〜ワークショップでのテスト〜そこからの執筆という通常ありえない複雑で時間のかかるプロセスを温かく見守っていただいた編集の村田さん、そして議論の可視化に興味を持って本書を手に取ってくださった読者のみなさまに、心から感謝いたします。

2016年12月12日　清水淳子

清水 淳子（しみずじゅんこ）

1986年生まれ。多摩美術大学情報デザイン学科卒業後、Web制作会社にデザイナーとして入社。ブランドとユーザーをつなぐための広告戦略構築とクリエイティブをnp広告学校にて1年修行。2012年WATER DESIGN入社後、ジャンルを超えた横断的な事業開発や商品流通を生むためのビジネスデザインに携わる中で議論の可視化に興味を持つ。2013年3月TokyoGraphicRecorderとして活動開始。同年Yahoo! JAPAN入社。データ＆サイエンスソリューション統括本部で、データサイエンティストと共にユーザー体験を定量評価し改善に結びつける業務を行う。また、グラフィックレコーディング黒帯として議論の可視化の研究と実践を続ける。

http://tokyo-graphic-recorder.com/
https://twitter.com/4mimimizu

Graphic Recorder

議論を可視化するグラフィックレコーディングの教科書

2017年1月27日　初版第1刷発行

著者	清水淳子
発行人	上原哲郎
発行所	株式会社ビー・エヌ・エヌ新社

〒150-0022
東京都渋谷区恵比寿南一丁目20番6号
E-mail：info@bnn.co.jp
Fax：03-5725-1511
http://www.bnn.co.jp/

印刷・製本	シナノ印刷株式会社
デザイン	MAEDA DESIGN LLC.
編集	村田純一

※本書の内容に関するお問い合わせは弊社Webサイトから、また
はお名前とご連絡先を明記のうえE-mailにてご連絡ください。
※本書の一部または全部について、個人で使用するほかは、株式会
社ビー・エヌ・エヌ新社および著作権者の承諾を得ずに無断で複
写・複製することは禁じられております。
※乱丁本・落丁本はお取り替えいたします。
※定価はカバーに記載してあります。

ISBN978-4-8025-1028-8
Printed in Japan
©2017 Junko Shimizu